想起の音楽

表現・記憶・コミュニティ

アサダワタル＝著

水曜社

はじめに

本書の背景

　本書は、「音楽による想起がもたらす、創造的なコミュニティ生成」という主題について書いたものである。音楽が記憶を呼びさますことは、一般的によく知られているだろう。しかし、その力には「過去」を懐かしむという役割だけでなく、「現在から未来」にかけてコミュニティの関係性を更新し、また音楽の聴取のあり方までをも更新させてゆく、実にダイナミックなコミュニケーションが内在されているのだ。筆者はこの主題を、現代における「音楽実践」のバリエーションを広げることと、「想起」という機能の創造性に光を当てるという、二つの目的を行き来しながら、解き明かしていきたい。

　皆さんにもあるだろう。懐かしい音楽を介して、忘れていた記憶を突如として思い出すことが。そして、その記憶をもとにその場にいる誰かと語り合い、互いに影響しあってその音楽と思い出したエピソードを交換しあうことが。たまたま入った喫茶店やストリートでかかったBGMで、テレビの歌番組で、カラオケで誰かが歌った曲で、結婚式や同窓会で仲間たちのために準備された選曲で。この誰もがとりわけ意識することなく自然と行っているコミュニケーションにおいて、人は他者との間にどのような関係性を新たに紡ぎ出しているのだろうか。また、そのときそこに流れている具体的な「その曲」は、人々の固有の経験、土地の背景など、彼ら彼女らを取り巻く様々な社会的・

文化的状況の違いによって、もしかしたら「同じ曲なのにまったく違う曲」としてそれぞれの心に響き渡っているのではないだろうか。そう考えたとき、ここで取り交わされている音楽を通じたコミュニケーションの意味は、どのような観点から、どのように積極的に評価されるべきであろうか。例えばそれは、「作曲」や「演奏」や「聴取」と言った、一般的に想定されうる「音楽実践」の枠組の延長から定義することは可能なのだろうか。あるいはそれは、「音楽は過去を呼び起こす力がある」といった、一般的に知られている役割だけにとどめた評価でいいのだろうか。またさらには、音楽を通じて「いまここ」に発生している想起と対話の「コミュニティ」を、思い切って「音楽そのもの」として捉え直す、そんな視点を私たちは獲得することができるのだろうか。

　矢継ぎ早に問いを重ねたが、これらの問いにじっくり向き合う手順として、本書では、音楽社会学を元にした記憶・コミュニケーション研究という位置づけを採用した。研究の対象となる事例では、特定のコミュニティの中で共有される楽曲が、そのコミュニティのメンバー一人ひとりの記憶を想起させつつもそこに新たな音楽実践を差し挟むことによって、メンバー間により一層多様な対話と想起を促し、その楽曲の存在を捉え直してゆくプロセスを精緻に記述した。そして、筆者自らのモデル実践、ならびに他者実践の参与観察とインタビューをまとめた事例研究を、音楽社会学や音楽による社会心理学をベースに、本書の鍵概念となる「想起」の美学研究、コミュニケーション研究も取り入れながら目的達成に迫った。

＊

　さて、この研究の背景にあるのは、筆者の「実践家」としての問題意識である。筆者には、2000年代前半よりライブハウスなどで作曲・演奏活動を行ってきたミュージシャンとしての立場、同時に大阪市内を中心にいくつかの芸術系NPOに関わりながら、様々な地域プロジェクトの企画運営を担ってきた社会活動家としての立場をあわせ持つ、実践志向の特異なキャリア[1]が存在する。その経験から、研究テーマにつながるような「音楽×想起のコミュニティデザイン」を全国各地の地域コミュニティ（商店街や小学校、福祉施設や災害復興住宅など）で自ら企画しながら、同時に気になる現場を聞きつけてはフィールドワークを進めてきた。しかし、ミュージシャンとしては周囲から当然のように「作曲」や「演奏」をするというイメージを求められ、誰かが作曲・演奏した「既存の録音された音楽」を用いたコミュニティプログラムの企画に活動を移行させるにつれ、自身の立ち位置を表明することに課題を感じてきた。また、社会活動家としては、地域の「課題解決」を目的としたまちづくりの現場、あるいは福祉や医療分野などにおける「支援」や「治療」を目的とした芸術療法の現場に接近しつつも、あくまでそこで行われるコミュニケーションの創造性、あるいは美的な経験の質といった視点を大切にしてきたために、「効果」という面では「わかりにくい活動」[2]や「どっちつかずの活動（アートなの？／福祉なの？）」という意見をもらうことも多々あった。したがって、表現活動と社会活動の狭間で音楽がどのような役割を果せるかを解き明かすことが、本書を進めるに際しての基本的な問題意識として存在する。

本書の構成

第1章「音楽実践の「幅」をめぐる議論──「音楽する」とは何か──」では、まず手始めに議論の対象となる「音楽×想起のコミュニティデザイン」の大まかなイメージを摑んでいただくきっかけとして、筆者の実践事例に簡単に触れる。その後に、音楽実践の「幅」──そもそも「音楽をする」って一体どこからどこまでの行為をさすの？──についての議論を、ポピュラー音楽研究や音楽社会心理学の先行研究から読み解き、その問題点の指摘と本書で目指すべき音楽研究の現在地を明らかにしたい。

第2章「想起をめぐる議論──想起に「創造性」という視点を与える──」では「想起」という概念整理にとりかかってゆく。そもそも想起とはどういった行為であるか、その基本的な定義を予め整理しつつ、音楽実践における「想起」にまつわる議論を中心に考察する。従来の音楽研究におけるこれらの議論は、主に臨床心理学や発達心理学を基礎とし、とりわけ音楽療法の現場においてクライエントへの治療効果を実証的に研究する内容に偏ってきた。近年では、団塊世代を対象にしたノスタルジア市場など、音楽による「懐かしさ」をテーマにした文化社会学的研究も多く見られるが、いずれにしても音楽から生まれる「想起」という行為そのものを「音楽実践」の重要な要素として位置づける研究は未だ少ない。そこで音楽と「懐かしさ」を巡る議論を踏まえつつも、「想起」という行為に単に「過去を再生して懐かしむ」といった意味以上の批評性や創造性を与える視点を、主に造形芸術を取り巻く美学的、文化社会学的議論から導入する。

第3章「アートプロジェクトにおける事例研究──『コピーバンド・

プレゼントバンド』『歌と記憶のファクトリー』を通じて──」では、筆者が実践者として企画運営に関わった二つの事例について報告する。この二つの事例は、ともに小学校における音楽ワークショップであるが、対象者児童に限らず家族や教員や地域住民までもが参加したという意味で、コミュニティづくりとしての要素が強いアートプロジェクトであり、かつ、これまでの音楽ワークショップではあまり着目されることのなかった「聴取」という音楽実践に光をあてている。本章では、その「聴取」から生まれる「想起」を軸にしたコミュニケーション構造を記しつつ、前章までの先行議論をもとに理論的な考察を行う。この事例考察を通じて、「音楽×想起のコミュニティデザイン」のモデル実践を示し、ここでの成果と課題を明確にする。

第4章「日常的実践における事例研究──歌声スナック『銀杏』(ぎんなん)における同窓会ならびに校歌斉唱の現場を通じて──」では、前章のモデル実践の課題を引き継ぎ、アートプロジェクトといった「芸術」であることが自明の環境から離れ、より日常的な「音楽×想起の実践」が展開される現場の考察を行った。その際、着目したのは世間で度々開かれている同窓会およびそこでの校歌斉唱の現場である。ただし、あまたあるそのような現場から、より音楽がもたらす想起の可能性に着目した実践が展開される現場を考察対象として選定した。具体的には、その開催会場である歌声スナック「銀杏」の経営者(いわゆるママ)入江公子の実践、すなわち、唱歌や懐メロのコレクターである入江自らが制作する校歌のオリジナルカラオケ映像の制作とその上映、である。ここでは、現場の詳細な参与観察やインタビューを通じて、同窓会において校歌が参加者にどのような「想起」や「対話」を誘発し、またそのプロセスにおいて入江によるユニークな音楽実践が

差し挟まれることで、どのようなコミュニケーションの変容がもたらされるかを記述する。

　第5章「総合考察──「想起」という経験、「音楽」という経験に立ち返って──」では、改めて本書のテーマである、「音楽×想起」がもたらす新たなコミュニティデザインを、前章までの知見を発展させる形で、より様々な社会背景を持つ現場において応用できるよう、さらなる演繹化に努める。手順としては、まず「想起」という経験の質と「音楽」という経験の質を国内の記憶コミュニケーション研究の論考および国外の音楽とアイデンティティにまつわる論考から整理を施し、そのうえで第3章ならびに第4章の事例の再考察を行う。

　第6章「『想起の音楽』現在地からの展望──むすびにかえて──」では、本書の要約および、本書執筆と並行して行ってきた筆者の最近の実践「ラジオ下神白（しもかじろ）」の事例に触れながら、主にコミュニティ論の観点から今後の展望を語り、本書を締めくくる。

＊

　本書は、筆者が2013年4月に入学した滋賀県立大学大学院環境科学研究科において、2016年10月に提出した博士論文『音楽による想起がもたらすコミュニケーションデザインについての研究』をもとに、2017年以降の動向を踏まえ、一部改稿・加筆を施したものである。2017年現在は、研究職を兼任する立場ではあるが、こういった研究活動に着手する以前から、自分が気になったこと、どうしても問題提起したいことは、学術的な内容ではないにせよ執筆・出版を通じて世に

問うてきた。ではなぜ、わざわざ大学院にまで行って博士論文を書くに至ったのかと言えば、端的な理由は「書きたい対象が自分と近すぎて、あえて「研究」という枠でも使わないとどう書いたらいいかわからない」というものだった。そして、その書きたい対象は自分にとっては「音楽」だった。

　なので、本書のもう一つの楽しみ方（あえてそう言おう）として、「生粋の実践者が、現場のみでの活動に限界を感じ、その現場から学術的な叡智を手繰り寄せ、先に進もうともがきながら書き上げた研究書」として読んでいただくこともお勧めしたい。もちろんだからと言って研究者としての評価や、本書の内容に対する批判を免れないことは言うまでもない。むしろ、音楽をはじめとした文化実践や、そういった文化芸術を介したコミュニティ実践に携わる現場人と、それらに近接する領域に携わる研究者が、より創造的に、また具体的かつ実際的に社会を動かすようなコラボレーションをしてゆけるような機会をつくりたい。その契機の一つとして、この「音楽×想起によるコミュニティデザイン」の可能性を、ここに提案しよう。

注：
1　詳しくは筆者のホームページ（http://kotoami.org）、ならびにアサダ（2016）、アサダ（2017）を参照。
2　この「わかりにくさ」についてはアサダ（2014）を参照。

参考文献：
・ アサダワタル, 2014,『コミュニティ難民のススメ 表現と仕事のハザマにあること』木楽舎
・ アサダワタル, 2016,「「私」と「社会」のハザマで「表現」し続けること」『ひとびとの精神史 第9巻 震災前後──2000年以降』, 岩波書店
・ アサダワタル, 2017,「『表現』──『他者』と出会い、『私』と出会うための『創造的な道具』」,『現代思想』(45 (15)), 青土社

目次

はじめに ……………………………………………………………………………………… 3

第1章 音楽実践の「幅」をめぐる議論
──「音楽する」とは何か── ……………………………………………… 13

第1節 導入:音楽によるコミュニティ実践 …………………………………… 14

第2節 「音楽する」とは何か ……………………………………………………… 22

2-1 能動的な「聴取」と「作曲」観の更新 ……………………………… 24

2-2 日常生活における音楽の「使用」実践 …………………………… 30

第2章 想起をめぐる議論
──想起に「創造性」という視点を与える── ……………………… 43

第1節 記憶と想起 …………………………………………………………………… 44

第2節 音楽と「懐かしさ」 ………………………………………………………… 48

2-1 高齢者医療、音楽療法の現場から ………………………………… 50

2-2 ノスタルジア市場の現場から ……………………………………… 55

第3節 想起における芸術の役割 ………………………………………………… 62

第3章 アートプロジェクトにおける事例研究
──「コピーバンド・プレゼントバンド」
「歌と記憶のファクトリー」を通じて── …………………………… 75

第1節 対象事例の位置づけと視点 ……………………………………………… 76

第2節 「コピーバンド・プレゼントバンド」 ……………………………… 77

2-1 開催の背景 …………………………………………………………………… 77

2-2 進行と特徴 …………………………………………………………………… 79

第3節 「歌と記憶のファクトリー」 …………………………………………… 87

3-1 開催の背景 …………………………………………………………………… 87

3-2 進行と特徴 …………………………………………………………………… 88

第4節 「能動的聴取」によるコミュニケーション ………………………… 94

第5節 音楽を「使いこなす」という視点の獲得 …………………………… 102

第6節 まとめと課題 ……………………………………………………………… 107

第4章 日常的実践における事例研究
—— 歌声スナック「銀杏」における同窓会ならびに
校歌斉唱の現場を通じて —— …… 111

第1節 考察対象の位置づけと視点 …… 112

第2節 「銀杏」の概要 …… 116
2-1 「銀杏」の取り組み …… 116
2-2 「銀杏」開店の経緯 …… 119

第3節 「銀杏」における想起のコミュニケーション
—北九州市立大学商学部同窓会「三四会」の現場から— …… 122
3-1 全体の流れ …… 123
3-2 校歌と映像にまつわる対話の考察 …… 125

第4節 「銀杏」のさらなる特異性—入江のインタビュー内容より— …… 128

第5節 想起の「メディエーター」という存在 …… 132

第6節 まとめと課題 …… 138

第5章 総合考察
—— 「想起」という経験、「音楽」という経験に立ち返って —— …… 143

第1節 「想起」という経験の質 …… 145
1-1 想起における「身構えの回復」 …… 146
1-2 想起における「不在」とディスコミュニケーション …… 151
1-3 聞き手による「表現」としての想起 …… 156

第2節 「音楽」という経験の質 …… 161
2-1 アイデンティティ経験としての「音楽」 …… 162
2-2 「新たな聴取」という美的経験の生成 …… 165

第6章 「想起の音楽」現在地からの展望
—— むすびにかえて —— …… 173

第1節 本書の要約 …… 175

第2節 展望 …… 179
2-1 震災復興の現場から考える …… 180
2-2 閉じても確かに続いてゆく「コミュニティ観」の構築に向けて …… 187
2-3 「揺らぎの当事者」として「私」と「私」が出会うこと …… 189

謝　辞 …… 194

索　引 …… 197

第1章

音楽実践の「幅」をめぐる議論
──「音楽する」とは何か──

導入：音楽によるコミュニティ実践

　2009年〜2011年の3年間。筆者は、大阪市西成区・釜ヶ崎に位置するアートセンター「カマン！メディアセンター」にて、地域交流を生み出すためのプログラムに取り組んだ（写真1）。動物園前商店街の店舗を活用したスペースの土間部分に42インチのテレビモニターを設置し、通りに面して映像を上映した。「カマン！TV」という看板が掲げられたこの不思議な店頭テレビで流しているもの、それは釜ヶ崎のまちを歩く一人ひとりの記憶に訴えかける昭和の映像群をYouTubeでプレイリスト化（表1）したものだ。高度経済成長期を発端に、大阪万博、バブル崩壊に至るまで、多くの日雇い労働者を供給してきたこのまちにおいて、現在は高齢になった元・労働者を主なターゲットとした上映内容は、昭和の象徴的な出来事や映画の名場面、そしてなによりも美空ひばりらを代表とする昭和の歌謡曲だった。マスメディアの報道などでときとして心無い差別にさらされる彼らには、言うまでもなく一人ひとりの固有の人生が存在する。しかしこのまちに住まう若い世代や商店街で店を営む人たち、また昨今増え続ける外国人観光客やこのまちの不思議な魅力（確かに国内では異彩なまちなみを形成しているかもしれないが）を感じる若いアート関係者などが、そういった「おじさん」（もちろんおばさんもいるが圧倒的に男性が多いのは事実）たちと直接話すような機会を持つことは少ないだろう。そこで、こういった「番組」を勝手に編成することで、次々に彼ら彼女らの記憶が掘り起こされ、

対話が生まれ、そこからまた次々とリクエストが生まれる。そしてそこに通りすがりの世代も立場もバラバラな人たちがそのテレビの前に群がり、対話の輪が広がるのだ。こうして商店街の一角で見ず知らずの人同士が、映像や音楽を介して語り合い交流する不思議なコミュニティが生成されていく。

　2009年12月2日～12月8日に上映したプログラム「低音声の英雄フランク永井特集」において、通りがかった60代前半の男性Aが、フランク永井が『有楽町で逢いましょう』（1957）を歌うコンサート映像にずっと見入っていた。筆者が「お好きなんですね」と話しかけると、Aは「すごい歌手だったけど、自殺未遂してから結局亡くなるまで復帰がかなわなかったんや」と一言話し、そのまま堰を切ったかのように自分の過去のことを筆者に語り出した。Aは1970年代後半のディスコブーム時は自らDJとして活躍したことを誇らしげに語った。その後

写真1：2010年夏、「カマン！TV」上映の様子

様々な憂き目に遭い、職を転々とした後、釜ヶ崎に辿り着いた。最近までしていたビル清掃のアルバイトでは、先輩のパートの女性たちに陰口を叩かれ、間接的な虐めに耐え切れず結局辞めてしまった。そしてＡは筆者に向かって「今日こうやってここに来られて話ができたことでだいぶ楽になった。ありがとう」と笑顔で語った。たまたま横に居合わせた別の高齢の女性Ｂもその話を聞いて、「悩んでいることがあったら絶対に一人で抱え込まず、誰かたった一人でもいいから信頼できそうな人に話すべき。それだけでどれだけ救われるか」と自身の経験を語りながらＡと対話を始めた。ちなみにＡとＢは赤の他人だ。そしてそこからまた新たなリクエスト（例えば『東京ナイト・クラブ』（フランク永井・松尾和子 1959）など）が生まれ、他の歌手の曲（例えば『学生時代』（ペギー葉山 1964））へとつながり選曲と想起と対話のサイクルが続いていったのである。これらのやりとりからわかるのは、「フランク永井を聴くという音楽体験」が、彼をよく知る世代の人たちにとって「栄光からの凋落という悲劇性」という象徴的なメッセージを受け取る機会となり、そこから当時の時代背景、すなわち集合的記憶（Halbwachs 1950 = 1989）を想起するきっかけになったこと。そしてさらに重要なのは、そのことで居合わせた人々がプライベートな記憶を一方的に語るに留まらずに、社会的な属性（世代、職業、地域など）を超えながらお互いの記憶を支えあい、新たな選曲を通じて多層的に交じり合わせるといった、実に豊かなコミュニケーションが生まれていたという事実だ。

　このプログラムは一見すると高齢化した元・労働者に「あの頃はよかった」と自己回帰してもらうことや、そのことによるこころのケアを目的にした福祉的な取り組みだと感じられるかもしれない。しかし、重要な点は、その記憶の語り部のエピソードを受け止める第三者（通

りすがりのサラリーマンや若い観光客、あるいは筆者など企画者）が周囲でともに鑑賞し、そこからその音楽や映像に対する問いかけや対話を契機に、普段ではコミュニケーションを交わすことのない者同士が、想起された他人の記憶を言わば「肴」にしながら立場を超えて語り合うという、一時的で偶発的なコミュニティが生成されたことにある。

　さて、筆者が行っているような文化芸術（映像、音楽、美術、文学、ダンス、演劇など）を触媒にしながら、世代や立場を超えて異なるコミュニティが交じわり合う活動は「アートプロジェクト」と呼ばれ、日本国内においても、近年緩やかながら着実に浸透してきた。アートと市民社会の関係を研究し、政策提言を行う熊倉純子ら（2014）によれば、アートプロジェクトとは、「現代美術を中心に、おもに1990年代以降日本各地で展開されている共創的芸術活動。作品展示にとどまらず、同時代の社会の中に入りこんで、個別の社会的事象と関わりながら展開される。既存の回路とは異なる接続／接触のきっかけとなることで、新たな芸術的／社会的文脈を創出する活動」とされる[1]。また、アートプロジェクトは、2000年代以降、これまでの福祉的な政策とは違った社会的包摂（ソーシャル・インクルージョン）のアプローチとしても注目されており[2]、本書が取り上げる音楽実践においても様々なバリエーションがある。高齢者や障害のある人たちとの共同作曲・演奏会などが行われ（ex 野村他 2006; 坂倉 2009; 沼田 2010; 久保田 2011; アサダ 2012）、子どもたちが普段の教育では学べない実験的な音楽体験に触れ（ex 佐伯他 2013）、また地域住民同士や異なる背景を持った人々が音楽家の発案したアイデアを通じて新たな交流を行う音楽ワークショップが多数展開される（ex 熊倉他 2014; アサダ 2013）。

　筆者も類に漏れず同様の実践を重ねる中、とりわけ着目してきたの

が、「作曲」や「演奏」ではなく、既に世の中に存在する楽曲とそれらの「聴取」や「選曲」という行為である。その理由は二つある。まず第一は前述してきたように、音楽の記憶の保存・想起媒体としての機能に着目してきたからだ。そして第二に、聴取や選曲という行為には「日常生活に埋もれがちな創造性」を人々に気づかせる可能性が存分に秘められていると考えてきたからだ。

　まず第一の視点については、世の中に広く流通するポピュラー音楽はそれ自体が同時代を生きる人々にとって共通の時代背景、すなわち集合的記憶を想起させつつ、同時に個人史の断片をも蘇らせる記憶の保存媒体として優れた存在であることは、後に触れる発達心理学や臨床心理学においても研究が進められてきた。そして、音楽のこの機能を踏まえることで実現できるコミュニケーションの中身とは、すなわち個人の想起と語りからなされる他者との新たな関係性の構築であり、またさらにその構築のプロセスにおいて既存の「その曲」を「同じ曲だけど別の曲」、つまり外山滋比古の言うところの「異本」[3]さながら「異曲」として新たな価値づけを行っていくことだ。

　このコミュニケーションを「カマン！TV」に即してイメージしてみよう。筆者が「選曲」した『有楽町で逢いましょう』を皮切りに、その後、男性Aが何度もリクエストをした『東京ナイト・クラブ』は、Aにとって完全なる他者である筆者自身が、その楽曲の印象を新たに読み替える体験としても機能した。つまり、以後別の機会にこれらの楽曲を「聴取」する際は、必ずと言っていいほど、Aのプライベートな記憶が「その曲のコンテクスト」として筆者にインプットされた状態で体感するわけである。さらにはAを含めたその場に居合わせた参加者同士が『東京ナイト・クラブ』にまつわる各々の想起から語りを

展開しあい、その対話の流れに添って筆者が周辺的な「選曲」を即興的に続けることで、またさらなる想起と語りのセッションが生まれ……といったサイクルが促されたことで、Aの中でこの日を境に、ここで交わされたコミュニケーションまでもが重層的に絡みあう新たな『東京ナイト・クラブ』が生まれていったことであろう。

　そして、筆者はこの一連の音楽による想起がもたらすコミュニケーションを、前述した第二の視点——聴取や選曲という行為をもとにした「日常生活に埋もれがちな創造性への気付き」を促すこと——においても、重要な役割を果たしていると考えている。ある人物Aの「聴取」→「想起」→「語り」→そこに居合わせた人物Bの「想起」と「語り」→「選曲」……といった一連のコミュニケーションサイクル自体が、まさに非常に創造的な行為だと捉えているのだ。しかし、これまで各地で開催されてきた音楽ワークショップやアートプロジェクトの多くは、音楽家が持つ専門的な技術とされる作曲や演奏といった実践に偏重する傾向にあり、暗黙のうちに「参加者が音楽をする機会づくり＝作曲・演奏の機会づくり」という前提が共有されているように見受けられる。その要因の一つとして、企画者やアーティストが、学習指導要綱に沿った音楽教育や商業性が支配する一般的な音楽環境では決して生み出せないような「創造性」や「オリジナリティ」を重視するあまり、即興演奏や特殊なルールにおける作曲遊びといった実践にのみ傾倒してしまうといった背景が想像できる。無論、筆者も作曲や演奏活動を行ってきた立場ゆえに、そういった実践を十把一絡げに否定するつもりはない。しかし、技術革新や時代の変化とともに、「創造性」や「オリジナリティ」といった概念自体が刻一刻と多様化している状況を踏まえれば、日常生活により近接した音楽行為である聴取や

選曲を重視した音楽ワークショップやアートプロジェクトに対しても、その日常との近接性ゆえに死角になっていた、聴取や選曲における主体性や能動性に気付きなおし、それらに新たな創造的な価値づけを行う必要性が出てきていると、筆者は強く感じているのだ[4]。

　したがって本書では、「音楽×想起のコミュニティデザイン」の現場のフィールドワークと考察を通して、人々が日常生活のなかで既存の「その曲」を自由に使いこなしながら、他者との新たな関係性を構築してゆく実践の可能性を、これまでのポピュラー音楽研究や音楽社会心理学をはじめとした音楽におけるコミュニケーション研究の流れを紐解きながら、音楽社会学による記憶・コミュニケーション研究という位置づけで、以後、解き明かしてゆきたい。

　ここで改めて以後本書で頻繁に使用される概念を定義しておく。まず本書の副題にもある「コミュニティ」という概念についての一般的な理解は実に多様ではあるが、本書ではいわゆる「地域コミュニティ」と言った使われ方に限定するのではなく、広く「ある特定の常識、価値観、専門性を共有した人々が集まり、それらに対して何かしらの帰属意識を持ちながら、一定の関係性と連帯を構築する集団」と定義して論を進める。また、「アートプロジェクト」とは、熊倉らの定義を踏まえつつ、前述した定義での「コミュニティ」に対して、第三者・外部者として関わる存在（芸術家、企画者など）が文化・芸術的な手法を用いて、そのコミュニティ内のメンバーの関係性に一定の働きかけを行い、またコミュニティ外の人々との出会いの触媒を担うといった、コミュニティデザインの一手法となりえる文化事業、とする。

表1：「カマン！ＴＶ」再生プログラムリスト例。アサダ（2011）より転載

懐かしの戦後昭和アニメ特集
http://www.youtube.com/user/KAMANTV#grid/user/
73C723E14846189F
1． エイトマン
http://www.youtube.com/watch?v=yMcYMyYWQwk
2． ジャイアントロボ
http://www.youtube.com/watch?v=O2_B1N0e1fU
3． 怪傑ハリマオ
http://www.youtube.com/watch?v=ADE1c4GJEeI
4． ウルトラQ 武田薬品クレジット
http://www.youtube.com/watch?v=Hg5PjkTXHQ8
5． The Space Giants: Chapter 25
http://www.youtube.com/watch?v=a9i4BXrh2s4
6． 狼少年ケン
http://www.youtube.com/watch?v=oLUJ0OgrpQI
7． 宇宙エース
http://www.youtube.com/watch?v=uQo2XalwAe8
8． 黄金バットOP
http://www.youtube.com/watch?v=mobgGAAd_YY
9． サンダーバードOP（日本放送当時版）& ED
http://www.youtube.com/watch?v=jAA3-80dwnk
10．忍者部隊月光
http://www.youtube.com/watch?v=hrEqpJflioM
11．実写版 鉄腕アトム
http://www.youtube.com/watch?v=QOhyBsE1mhk
12．月光仮面OP（第2部・バラダイ王国の秘密）
http://www.youtube.com/watch?v=OoiwHGL-akQ

昭和事件簿2
http://www.youtube.com/user/KAMANTV#grid/user/
C9A6A7ED1BFE71EE
1． 昭和宰相列伝6 岸信介、池田勇人（1957-1964）
http://www.youtube.com/watch?v=doiVu6kLpkw
2． 昭和宰相列伝7 佐藤栄作、田中角栄、中曽根康弘他（1964-1987）
http://www.youtube.com/watch?v=EoeDB8SONX8
3． 1960年10月 淺沼稻次郎遇刺
http://www.youtube.com/watch?v=iElBHYm7Kgw
4． 10.10.1964 TOKYO OLYMPIC
http://www.youtube.com/watch?v=jhNzYDcW-Pw
5． 三億円事件 - 01
http://www.youtube.com/watch?v=gz8Zw7uEx54
6． 三億円事件 - 02
http://www.youtube.com/watch?v=X1a9Nfap-yw
7． 三島 vs 東大全共闘
http://www.youtube.com/watch?v=3dKnQ63iUSc
8． setonaikai ship hijack 瀬戸内海シージャック事件
http://www.youtube.com/watch?v=kcFwTWv4cCU
9． a case of Yukio Mishima 三島由紀夫事件
http://www.youtube.com/watch?v=kILM9sOmisg
10．あさま山荘事件 part1
http://www.youtube.com/watch?v=-omqpElkk14
11．あさま山荘事件 part2
http://www.youtube.com/watch?v=qAquLql17SA
12．あさま山荘事件 part3
http://www.youtube.com/watch?v=PYmBvODjUUE
13．臨時ニュース 中曽根改造内閣成立 1985
http://www.youtube.com/watch?v=-4G0gG3wJqQ
14．豊田商事永野会長刺殺事件の瞬間
http://www.youtube.com/watch?v=2QvGxJVCJZ4
15．日航ジャンボ機墜落惨事故
http://www.youtube.com/watch?v=ReowcEJu81I
16．グリコ森永事件 ニュース映像
http://www.youtube.com/watch?v=ovMNGIstDmI

低音声の英雄 フランク永井特集
http://www.youtube.com/user/KAMANTV#grid/user/
4AD167E9A41BAB30
1． フランク永井 有楽町で逢いましょう 1974
http://www.youtube.com/watch?v=UAZf-oAH1-M
2． フランク永井 / 松尾和子 東京ナイト・クラブ 1984.10.4
http://www.youtube.com/watch?v=oR-YDgLcpjc
3． フランク永井 君恋し 1984
http://www.youtube.com/watch?v=7QL0XAMaDV0
4． フランク永井 夜霧の第二国道 1985
http://www.youtube.com/watch?v=52yBo-PffSE
5． フランク永井 名曲選1
http://www.youtube.com/watch?v=ozxKvD9Niko

6． 霧子のタンゴ
http://www.youtube.com/watch?v=VF68sLJV6uY
7． 大阪ぐらし
http://www.youtube.com/watch?v=rzjBrSHE0XQ
8． 公園の手品師
http://www.youtube.com/watch?v=cm8ZtBLoSng
9． フランク永井 西銀座駅前 1982
http://www.youtube.com/watch?v=btgZhlCXqCE
10．フランク永井 こいさんのラブコール 1983
http://www.youtube.com/watch?v=XP0_IEC_Kz4

大阪万博特集
http://www.youtube.com/user/KAMANTV#grid/user/
05C30D30C00B481B
1． 大阪万博 Osaka Expo'70
http://www.youtube.com/watch?v=P_sGVS_3QFU
2． よみがえる 大阪万博 お祭り広場 EXPO70
http://www.youtube.com/watch?v=peP34rZ449Y
3． 1970年（S45）
http://www.youtube.com/watch?v=6Ou-kStAd3A
4． 1970年（S45）
http://www.youtube.com/watch?v=TzrZx0b6THU
5． 大阪万博パビリオン物語
http://www.youtube.com/watch?v=d_VFSxmjYqo
6． 万博とび頭 1
http://www.youtube.com/watch?v=eawClS7FGfQ
7． 万博とび頭 2
http://www.youtube.com/watch?v=QEkRtPGI6lY
8． 万博とび頭 3
http://www.youtube.com/watch?v=ED0LujqQmbw

中山律子さんと70年代女性歌謡曲
http://www.youtube.com/user/KAMANTV#grid/user/
84A61A8163E8E0AD
1． nakayama rituko 中山律子
http://www.youtube.com/watch?v=CLSZWvaNV5E
2． 1971年映像
http://www.youtube.com/watch?v=W2FqsEfukjw
3． なぎらTV 〜あの頃ぼくらは若かった「ボウリングブーム」歌謡ポップス
http://www.youtube.com/watch?v=IcVoZ9gISoA
4． 1972 花王フェザー さわやか律子さん
http://www.youtube.com/watch?v=B2T_LI9KfXw
5． 安倍律子 RITSUKO ABE - 愛のきずな（1970）
http://www.youtube.com/watch?v=gR2BMKS6Vt8
6． いしだあゆみ AYUMI ISHIDA - ブルー・ライト・ヨコハマ（1968）
http://www.youtube.com/watch?v=Tj63jE7v0Vg
7． 黛ジュン JUN MAYUZUMI - 夕月（1968）
http://www.youtube.com/watch?v=5p_aqByzaak
8． ザ・ピーナッツ THE PEANUTS のススメ - V
http://www.youtube.com/watch?v=FHGpiFooZi0
9． ザ・ピーナッツ / ふりむかないで
http://www.youtube.com/watch?v=UKkinfubfdM
10．昭和歌謡 森山良子、黛ジュン、新谷のり子
http://www.youtube.com/watch?v=H9fesqYotZg
11．昭和歌謡 南沙織、ピンキーとキラーズ、カルメン・マキ、いしだあゆみ
http://www.youtube.com/watch?v=0Vi-NsagfAo
12．昭和45年歌謡ヒット曲 日吉ミミ、奥村チヨ、ヒデとロザンナ、辺見マリ、安部律子、渚ゆう子、由紀さおり
http://www.youtube.com/watch?v=ovDz1bQ3aRM
13．日本歌謡大賞 藤圭子、尾崎紀世彦、小柳ルミ子、沢田研二、南沙織
http://www.youtube.com/watch?v=-ERcuq1YR7g
14．昭和40年代の女性アイドル達
http://www.youtube.com/watch?v=I9in0usOUHA
15．小川知子 中村晃子 奥村チヨ
http://www.youtube.com/watch?v=AaeUM-Y0vVI
16．ペドロ＆カプリシャス - ジョニーへの伝言（1974）
http://www.youtube.com/watch?v=b5z94O4-ZgA
17．太田裕美 木綿のハンカチーフ
http://www.youtube.com/watch?v=QS12eoMZxzM

※2010年12月現在（リスト作成時から以後、削除されたプログラムもあります）
※最新のプログラムはYouTubeのKAMANTV's Channel（「kamantv」で検索）をご覧ください。

第2節　「音楽する」とは何か

　音楽と想起。この二つの議論のうち、先に筆者の考える音楽的な行為、すなわち音楽実践とは一体どこからどこまでを指し示すのか、その「幅」について考えてみたい。作曲でも演奏でも、単なる聴取とも言い切れない、既存の楽曲を介した想起がもたらすコミュニケーションや他者との関係性の構築は、これまでの音楽研究ではどのように言説化され、あるいはされてこなかったのだろうか。本節ではまず、ポピュラー音楽研究と音楽社会心理学の先行研究を紐解きながら、音楽産業シーンの中で語られる言説と、音楽産業シーンでは語りきれない日常生活において秘かに営まれる音楽実践にまつわる言説とに分けて、議論を整理していこう。

　まず昨今のポピュラー音楽研究に入る前に、西洋音楽（クラシック音楽）を中心としたこれまでの伝統的な音楽研究にも触れておきたい。そこでは長い間、音楽は自律的な「作品」あるいは「テクスト」として解釈されることを前提としてきた。いまを生きる私たちの感覚では当然真っ当な音楽実践とみなされそうな「演奏」行為に関してさえ、「作品」に対する二次的な創造として、「作曲」行為よりも明確に低い扱いをされてきた歴史があるのだ。そんな中1990年代に入り、音楽学者のリディア・ゲーアが「作品」概念の再考を通じて、モノ（テクスト）として存在する音楽作品という旧来の思想に対して批判的な持論を展開した（Goehr 1992）。また、演奏研究の草分け的存在であるニコラス・

クックは、ベートーヴェンの第9交響曲に対するテクスト論的解釈を引き合いに、「作品はその演奏例の領域の「上位」に存在しているのではなく、むしろそれらを包摂していて、それゆえ第9交響曲はいまだに発展中なのである。」（Cook 2003 = 2011, 236）と述べ、「演奏」という行為に対する価値づけが徐々に進展してきた。

　さらにこれら「作品」（あるいは「作曲」）から「演奏」という行為に焦点をスライドさせるだけではなく、音楽実践をより広い解釈のもとで捉え直した概念として、長年音楽教育現場に携わったクリストファー・スモールの「ミュージッキング（musicking）」が登場（Small 1998）し、その後の音楽実践の「幅」を議論するうえで大きな影響を与えた。スモールは、「音楽とは「モノ」ではなくて人が行う何ものか、すなわち活動なのだ。」と語り、生粋の音楽理論家として知られるカール・ダールハウスの「『出来事』とは別の『作品』という概念こそ、音楽史の基礎である」（Dalhaus 1983）といった発言に代表される「作品概念至上主義」を徹底的に批判したのだ。スモールによれば、ミュージッキング（musicking）とは、「音楽する to music」という動詞の動名詞形であり、どんな立場からでも音楽的なパフォーマンスに参加することであり、演奏するだけでなく、聴くことや、リハーサルや練習、またダンス、あるいはチケットのもぎりや楽器を運ぶこと、楽器をセットアップするローディーや、なんとステージの掃除夫の活動までもが含まれるという。

　音文化やアートマネジメントの研究者である中村美亜による近年の研究では、スモールが「ミュージッキング」という言葉に含意した内容を四つのレベルに整理している（中村 2010）。それによれば、まず第一にミュージッキング概念の核心的な部分として「演奏すること」、そ

して第二に「聴取」があげられる。続いて第三に、音を直接生み出さなくとも「音楽活動や音楽イベントに関わること」もミュージッキングの一つであるとした。最後に、オーケストラ一般における演奏者同士の関係性など、特定の集団における関係性ではなく、「抽象的な関係論」として登場するミュージッキングがあるとした[5]。

これら音楽実践に対する広範な定義は、まず本書を進める前提として押さえつつ、しかし一方でスモールの関心が西洋音楽のコンサートホールでの音楽文化に重きを置いたこともあり[6]、現在において聴取者が日常的にアクセスしやすいという点で本書においてとりわけ注目する、「録音メディアとしての既存の楽曲」についての言及は決して多いとは言えない。そこで、ここからいわゆるポピュラー音楽研究の領域へとレビューを進めていこう。

②-1 能動的な「聴取」と「作曲」観の更新

ここで、この録音メディアとしての既存の楽曲の聴取体験についての興味深い視点を、音楽学者の増田聡の研究から引きたい。増田は、カルチュラル・スタディーズの代表的理論家として知られるスチュアート・ホールの「エンコーディング／ディコーディング」モデル（Hall 1980）を引きながら、以下のように考察する。

「エンコーディング／ディコーディング」モデルによって描かれるオーディエンス像は、生産者サイドのコード化実践によって生成されたメディア・テクストに対し、各々が置かれた社会的位置に応じて異なった解読

コードを発動させ、多様な意味を生産する「能動的」オーディエンスである。生産者側のコードをそのまま受け入れる「優先的読み」、生産者のコードを自らのコードと突き合わせ、時に従い時に逆らい妥協する「交渉的読み」、生産者のコードに対してあからさまに反抗する解読を行う「対抗的読み」の三つの読みが、オーディエンスの受容実践において見いだされてゆく。これを聴取論の文脈に節合するならば、それは「能動的聴取者」（アドルノが言うそれとは全く正反対の！）の日常的実践が、社会的な構造の中でどのように構築され、「演奏される音楽」（＝生産者側のコード化）を裏切り、「聴く音楽」を構成していくかについて問うことになるだろう。(増田 2006, 32-33 ※傍点は引用者による)

　このように増田は、「聴取」を能動的な音楽実践として捉える視点を強調する。続けて増田は、オーディエンスの能動性についてかの『4'33"』(Cage 1952)で有名なジョン・ケージが語るような、聴取のあり方がどこまでも自由であり「決定されていない」状況という主張[7]、あるいは美学者でポピュラー音楽の批判者として知られるテアドール・アドルノの、大衆の聴取構造がそもそも限定されていることを強調するあまりに「決定されている」という主張[8]は、ともに極端な美学であるとばっさりと切り捨てている（同）。

　これらケージとアドルノの主張の狭間に位置するオーディエンスの能動性について、音楽学者 ジャン・ジャック・ナティエの言説を借りながら、音楽が創られ演奏され、聴かれたり論じられたりするプロセスを、「音楽的事実全体」(Nattiez 1987 = 1996)とし、作曲家（あるいは演奏家）と解釈者（あるいは聴取者）の間に存在するのは「作品」ではなく「痕跡」という概念であるとする。この「痕跡」の一つとしての録音さ

れた音楽メディアを、前述したホールの言うところの「交渉的読み」、あるいは「対抗的読み」へと結びつける実践は、増田の言葉で「別の聴取」への感受性を持つことの重要性として結論づけられている（同）。

　このような「能動的な聴取」という主張は、ポピュラー音楽研究のみならず音楽社会心理学の領域にもみられる。その第一人者であるデイヴィッド・J・ハーグリーヴスらは、ニコラス・クックの「聴き手は消費者であり、文化的プロセスにおいては基本的に受動的な役割を担う。（中略）実は、この仮定のなかに自然なものなど何もない。」（Cook 1998, 17）という文言を引きながら、以下のように述べている。

　　聴き手はたんなる受動的な消費者ではなく、文化的プロセスにおける能動的なパートナーであり、さまざまな社会的文脈や場面に即した機能を満たすために、音楽を利用しているのです。（Hargreaves他 2011, 19）

　増田の述べる「「別の聴取」に対し、繊細な心遣いと共感をみせること」（増田 2006, 51）への重要性の訴えや、ハーグリーヴスらの述べる「文化プロセスにおける能動的なパートナー」としての聴き手といった考えは、「演奏の一形態としての聴取」（Frith 1996 = 2001, 192）という音楽社会学者 サイモン・フリスの言葉と呼応する。

　またここでさらに注目したいのは、昨今の楽器やオーディオ機器などにおけるテクノロジーの発展や、インターネット環境がもたらす新たな音楽コミュニケーションの出現だ。増田は、思想家で音楽評論家のジャック・アタリの「作曲の時代」という概念を引きながら、以下に述べる言説によって、「聴取」と「演奏」と「作曲」がグラデーションを成してなだらかにつながることを明らかにしているのだ。

新しいCDよりもiPodのニューモデルにこそ関心を向けるこんにちの消費者たちにとって重要なのはコンテンツではなく、そのコンテンツの「プレイ」の仕方を多様化させる装置の方である。

ジャック・アタリはそのような変化の到来を、音楽経済の文明史的な構造変容として預言的に論じた（アタリ [1985]）。彼の言葉で言い表すならば、こんにちわれわれが直面しているのは「反復の時代」から「作曲の時代」への変容、ということになる。（中略）

やがて、複製された音楽それ自体は希少性を失い、社会全体に行き渡った「録音された音楽空間」の中からさまざまな差異化の運動が生じてくるだろう。（中略）

現在では「再生」と「音楽制作」とに分けられている両者の差異はやがては見失われていき、消費者による「作曲」が音楽経済の構造を変えていくだろう。（増田 2008, 60-61 ※傍点は引用者による）

　このようにデジタル技術が発展した状況でのコミュニケーションを参照にすることで、我々の多くが持つ固定観念——頑なに「作曲」や「演奏」や「聴取」を分割して捉えようとする思考——は、多様な音楽実践を紐解いていく上でもはや足手まといとなることがわかるだろう。現在の音楽実践における要諦は、「録音された音楽空間」の中をいかにして自由に泳ぎまわり、多様なコミュニケーションのバリエーションを生み出していくか、という点なのだ。

　社会学者でカルチュラル・スタディーズの論客として知られる毛利嘉孝は、かの有名なロラン・バルトの「ムシカ・プラクティカ」を「実践する音楽」と訳し、「音楽はますます完結、完成したパッケージではなく、次の創作に用いられる素材、プロセスになりつつあ」（毛利 2012,

283）ると述べる。そして、そういった「実践する音楽」（毛利 2012, 244）はインターネット上において夥しい数で展開されている。例えばニコニコ動画などで見られる二次創作・リミックス文化、初音ミクを代表としたボーカロイド文化などがまさしくそれにあたるのだが、これらの実践はポピュラー音楽研究ではどのような概念で表象されてきたのであろうか。

　ここでこのような「ネットワークによって媒介されるあらゆる音楽実践」（井手口 2009）を意味する概念として、音楽社会学者の井手口彰典による「ネットワーク・ミュージッキング」に触れておこう。言わずもがな、前述したスモールの「ミュージッキング」を踏まえたものだが、井手口は、レコードやCDなどの「モノを所有する」ことが主流であった音楽文化が、昨今、必要になった時に必要な場所で「情報として参照する」といった音楽文化へと変容している点を強調する。井手口によれば音楽を「利用可能性の〈リスト〉」（147）から「参照」しながら「聴取」するといった状況は、我々の日常においてもはや当たり前となったiPodに代表されるシャッフル機能や、SpotifyやAppleMusicなど、海外では既に市民権をえて国内でもようやく本格的に普及しつつあるサブスクリプション型音楽サービスにおけるプレイリストの編集・共有行為、ニコニコ動画やボーカロイドにおける二次創作・リミックス行為などに表象されると言えるだろう。このように、人々がソーシャル・ネットワークを泳ぎ回る時代の中から生まれた音楽実践を、文芸・音楽評論家の円堂都司昭は、「「聴取」から「遊び」へ」の移行と表現している（円堂 2013）。井手口や円堂をはじめとした音楽とメディアの研究からは、これら音楽実践の中核にはコミュニケーション行為が重要な役割を果すことが見出せるであろう。井出

口はそのことを以下のように述べている。

> 聴取者の軽やかな振る舞いを可能にする一つの重要な要素が、おそらく、ネットワーク環境におけるコミュニケーションという行為である。ここで言うコミュニケーションは、もちろんニコニコ動画におけるコメントの書き込みのように明確な言葉として交わされるものでもありうるが、必ずしも言語化されている必要はない。たとえば自分がある曲を聴取したという事実が再生回数として記録されることは、その数値を後続する誰かが読み取るであろうことが期待され、また事実そうなる限りにおいて、一種のノンバーバルなコミュニケーションとなるだろう。タグを介した動画同士の連結も同様である。そうした多彩なコミュニケーションは、たんにオンラインコミュニティを維持するというばかりでなく、ネットワークを介して音楽を聴取するこの「私」という存在を定位する上でも、決定的に重要になる。(井手口 2009, 204 ※傍点は引用者による)

　このようなソーシャル・ネットワーク以後のコミュニケーションの構造の変化やデジタル技術の発展からは、「作曲」や「演奏」に携わるとされてきた「生産者」と、もっぱら「聴取」に携わるとされてきた「受容者（消費者）」を厳密に分け隔てることのない[9]、より多様なコミュニケーションの形を創造する可能性があるのだ。また、井手口の「ネットワークを介して音楽を聴取するこの「私」という存在を定位する」という論には、音楽はその聴取を通じて自己を物語るツールになるといった、アイデンティティに関わる視点も含まれており、本書における事例研究の特徴でもある、音楽聴取による想起と語りから生み出される他者とのコミュニケーションといった視点にも応用できる。

さて、ここまで、音楽実践の「幅」を根底から押し広げたミュージッキングから、能動的な聴取にまつわる議論、そして昨今のデジタル時代の作曲観の更新について、ポピュラー音楽研究の先行議論を概観してきた。しかし、これらの議論を踏まえつつも、本書で取り扱う事例研究に迫るためには、未だ大きな問題がある。

　増田や井手口、円堂などの研究が基本的には「音楽産業シーン」（たとえそれがメジャーに対するオルタナティヴな実践であったとしても）として語られる現場の考察に偏重しており、それらシーンとは別のところで、つまり日常生活を生きるなかで人々が具体的に増田の言う「別の聴取」をどのように実現しているかという事例研究は、国内において圧倒的に少ない。筆者が第4章で詳述する事例研究はまさしくその端緒を目指すものである。一方、国外研究に目を向ければ、主に社会心理学的なアプローチで音楽と感情の関係を解き明かす研究（ex Hargreaves & North 1997＝2004; Juslin & Sloboda 2001＝2008; Miell, MacDonald & Hargreaves 2005＝2012）、日常生活の中で個々人が音楽を自らの生の支えとしてどのように「使用」しているかを追求する文化社会学的研究（ex Crafts, Cavicchi & Keil 1993; DeNora 2000）にその萌芽が見られる。

②-2　日常生活における音楽の「使用」実践

　ジョン・A・スロボダとスーザン・A・オニールが『音楽と感情の心理学』（2001＝2008）において執筆した「日常の音楽聴取における感情」という論考がある。音楽と感情反応にまつわる研究はこれまで多くなされているが、彼らの研究の前提は第一に「音楽は、情動的感情

と表出の社会的構成のなかで個人が使う、ある種の記号的・情動的な「力」を与える文化的材料（言語と同じことだが）である」（Sloboda 2008, 319 ※傍点は引用者による）とし、あわせて「感情に関する音楽の影響力は直接的ではないが、それらが聴かれる状況と相互に依存している。個人の感情的な反応における音楽の役割についてのどんなに意義ある説明も、これらの複雑な、相互依存する社会的要因の認識を伴わなくてはならない」（319）と述べている。

　このように、音楽の機能を社会心理学的アプローチに立って理解しようとする研究者たちがとりわけ着目するのが「アイデンティティ」という概念である。ハーグリーヴスやドロシー・ミエルらによってまとめられた『音楽アイデンティティ 音楽心理学の新しいアプローチ』（2002 = 2011）では、音楽が個人の内面にもたらす作用を説くための枠組みとしてアイデンティティ形成のプロセスに着目する。まずここで前提となるのは、アイデンティティという考えに対して「確固たる（不動の）自己」といった旧来の理解を脱し、自己とはもっと動的な存在で、日常生活における経験や環境、他者とのコミュニケーションを通じて絶えず変化するといった考え、いわゆる社会構成主義的自己論を採用していることである。ハーグリーヴスらは以下のように述べる。

> 音楽はコミュニケーションの基本的なチャンネルであり、話し言葉と同様に、新しいアイデンティティを創造したり既存のアイデンティティを変化させたりする媒体となりえます。自伝的な語りを通して自己を絶え間なく構成あるいは再構成することは、言語と同じように音楽においても起こりうるのです。（Hargreaves他 2011, 16）

そのうえで、ハーグリーヴスたちは、「音楽アイデンティティ」という概念を提唱する。この概念は、まず「音楽におけるアイデンティティ（IIM:identities in music）」と「アイデンティティにおける音楽（MII:music in identities）」に区別される。前者は、「既存の文化的役割と音楽カテゴリーの枠内で社会的に限定された音楽アイデンティティ」(2) を指し、とりわけプロの音楽家（作曲家、演奏家、音楽教師など）のアイデンティティの在り方や、「同趣味の仲間（taste publics）」（Hargreaves & North 1999）といった概念に代表される音楽ジャンルに基づく連帯などに着目する。一方後者は、「音楽が、個人のアイデンティティの発達をうながす手段や資源としていかに用いられているかに焦点をあて」（Hargreaves他 2011, 3）たもので、ジェンダー・アイデンティティ、若者アイデンティティ、国民アイデンティティ、障害アイデンティティといった固有の属性に音楽がどのような（あるいは、どのくらいの）役割を果し得るのかに着目する (22-23)。本書がテーマとする「音楽×想起によるコミュニティデザイン」では、いわゆるプロではない人々が参加してゆく音楽実践を中心に取り扱うため、とりわけ後者、すなわち「アイデンティティにおける音楽」に着目したい。そのうえで、スロボダらは、その音楽がアイデンティティのために「使用」される舞台として、「われわれが音楽に出合う一般的な文脈は、当然のように日常的である。それらは、生活の最も典型的な活動の文脈を含んでいる。たとえば起床、洗濯と身支度、食事、清掃、買い物、旅行など」（Sloboda 2008, 320）といった日常生活の現場に着目し、イギリスの音楽社会学者のティア・デノーラの研究を度々参照する。

　デノーラは、ショッピングモールでの音楽の効果、エアロビクスクラスでの音楽プログラムの構成、さらにはカップルがセックスをする

前に選ぶ音楽など、人々が「感情の自己調節」あるいは「自己のテクノロジー」（Denola 2000）として音楽を使用する実践について触れている。彼女の調査によれば、とりわけ女性たちは異なった状況や異なった時に聴く「必要があった」音楽についてかなり自覚しており、しばしば自分自身に対して「ディスク・ジョッキー」として働きかけていることがわかる。デノーラはそのことを以下のように述べている。

> 彼女たちは、音楽プログラム実行のための入念なレパートリーと、彼女ら自身の諸様相や自己概念に到達して、その質を高めたり、変えたりするための音楽の使い方についての鋭い認識とを書き並べた。この実際的な知識は、回答者が自分自身を対人的・社会的に行動をわきまえた存在として自らを演出することを通しての、（しばしば暗黙の）慣行の一部と考えられるべきである。（35 ※傍点は引用者による）

彼女は、音楽の機能として「それは〈どのように人が感じるかを知ること〉―〈主観性〉の材料構築―を確認する仕事の資源である」（DeNora 1999, 41）、「音楽的材料は、自己アイデンティティを苦心して形成するための、用語と枠組みとを提供する」（50）と述べ、音楽社会学者のサイモン・フリスはこれらデノーラの論考を参照にしながら、「音楽は「自己のテクノロジー」として、人々が記憶やアイデンティティや自身の自律性を構築する方法として、極めて重要なものとなった」（Frith 2003 = 2011, 109）と応答する[10]。

このように語られる「アイデンティティにおける音楽」の具体的な使用例としては、メディア社会学者で聴覚文化論[11]の研究で知られるマイケル・ブルの研究（ex Bull 2000）も興味深い。ブルは、iPodの利

用者に対するフィールドワークを通じて、iPodを使う時間と場所や理由、さらにはiPodが日常生活にどのように結びつき、デノーラの言葉を借りれば「感情の自己調節」や「自己のテクノロジー」とどのように関わっているかについて解き明かした。ブルは2004年にウェブマガジン『WIRED.jp』にて行われた取材で、以下のように答えている。

たとえば、多くの人がiPodを通勤時に利用している。彼らはいつも同じ音楽を聴いていることが判明した。通勤者は往々にして、決まった5～6曲を3ヵ月間も聴いており、移動する各場所に応じて決まった曲が流れるような具合だ……。 これによって人々は通勤をコントロールし、道程のタイミングや通り過ぎる空間をコントロールしている。これは一般化した話だが、（iPodの）主要な用途はコントロールなのだ。（中略）同様に、たとえば、公共の場で音楽を聴いている際、音楽のおかげで目を自由に使える。私はそれを「一方的な視線」と呼んでいる。音楽を聴いていることにより、誰かを見ていながら、相手が見返してきても見ていないふりができる。イヤホンによって、他のことをしていると示せるのだ。これは都市で他人との関わり方をコントロールするためのすばらしい戦略だ。また非常に映画的でもある。音楽によって、今起こっている出来事で物語を作ることができる。思考をコントロールするのにも使える。多くの人は、自分自身の思考と孤独に向き合うことを好まない。それを避ける最善の手段が音楽を聴くことなのだ。 その日向かっている場所に行きたくないという人は多い。その場所のことを直前まで考ずにすむなら……。それで、職場に入るその瞬間まで、イヤホンをはずさないのだ。これは気分や心の平静をコントロールするのにうってつけの方法なのだ。（Bull 2004）[12]

まさしくデノーラの言う「〈主観性〉の材料構築─を確認する仕事の資源」として、あるいは「自己のテクノロジー」として、iPodを日常生活で使いこなす具体的な術が紹介されている。これら市井の人々による日常生活における音楽使用実践にまつわる海外の一連の研究は、自身のアイデンティティを再構成し続けるために、能動的な「聴取」の一歩先の実践──より一層、意識的・能動的に音楽を「使用」する実践──の可能性を指し示していると言えるだろう。しかしながら、これらの研究は主に自身一人と音楽との関係とを重視したものに偏っており、日常生活の中で「他者」とのコミュニケーションを促し、関係性を構築していくために行われる「使用」に言及した論考はまだまだ少ないように思われる[13]。筆者が重視しているのは、その音楽使用実践から「コミュニティ」が生成されてゆくことなのだから。この問題点に関して、改めて本節冒頭に紹介したスロボダらの研究から以下の指摘を紹介したい。

　これまで概説してきた日常の音楽的シナリオに関して個人が経験する感情と表出の多くの重要な特徴とは、それが一人でいる状況で起こるかもしれないが、（感情の）判断の基準は、音楽使用者と他者との関係にあるということである。本質的に「私的な」経験だとみなされているが、情動的感情と情動的表出は多くの自主性や働きかけを伴って深く社会の文脈に埋め込まれており、それはわれわれの音楽聴取に強力な影響を（しばしば暗黙のうちに）及ぼしている。過去の人間関係を心のなかで再体験[14]し、アイデンティティを確立し、感情を「吸い上げる」ための音楽の使用は、公共の場所での自己呈示のためではない。つまり、これらすべてが社会生活を構成する認知と行動の複雑な網に依存していて、交渉し発展する

ために用いられる。このように音楽は、特定の社会行為を達成するために使用される、内省的でしかもコミュニケーション的な「具体的に表現された」諸判断である感情・表出の構成部分となる。(Sloboda他 2008, 339-340 ※傍点は引用者による)

　少し抽象的で読解が難しいテクストではあるが、この点を踏まえれば、音楽使用実践とは、「一人」なのに「他者との関係」を表し、また「私的」な経験でありつつ「社会的」な経験でもあり、また「内省的（個人的）」でありながら「コミュニケーション的（対人的）」という、この一見アンビバレントな質の経験をつなぎ合わせ、移動し続けるダイナミクスそのものだ、と言えばいいだろうか。であるならば、これらの実践においてさらに今後必要とされる研究は、この動的な変遷そのものに着目しつつも、個人の内面に起きた変化と対話から生成される新たな関係性の遷移双方をできるかぎり記述するための「具体的な事例研究」であると思われる[15]。本書は、ポピュラー音楽研究や音楽社会心理学研究の成果を更新するために、まさにその役割を担うものとして位置づけたい。

注：

1 熊倉らは、アートプロジェクトの特徴として、（1）制作のプロセスを重視し、積極的に開示 （2）プロジェクトが実施される場やその社会的状況に応じた活動を行う、社会的な文脈としてのサイト・スペシフィック （3）さまざまな波及効果を期待する、継続的な展開 （4）さまざまな属性の人びとが関わるコラボレーションと、それを誘発するコミュニケーション （5）芸術以外の社会分野への関心や働きかけ　をあげたうえで、こうした活動が、「美術家たちが廃校・廃屋などで行う展覧会や拠点づくり、野外／まちなかでの作品展示や公演を行う芸術祭、コミュニティの課題を解決するための社会実験的な活動など、幅広い形で現れるものを指すようになりつつある」としている。

2 例えば中川眞ら（2009; 2011; 2013; 2015; 2017）を参照。障害福祉や小児医療、災害復興の現場などで行われるアートプロジェクトの可能性が、国内のみならずアジア圏の事例も含めて紹介されている。

3 外山（2010）は、原典至上主義の文献学に対し、著者の意図を超えて自由に解釈し、多様に改変された形で他者に伝えられていく、「異本」化作用こそが、良き古典をも生み出すと主張した。広く読書という行為そのものが、「異本」を作る行為であるとも述べた。

4 ひいては、一過性で終わりやすい文化事業の制約を加味すれば、「非日常」としての強い体験を生み出すことよりも、参加者が「日常生活と地続きの創造性」を獲得できる体験こそが、音楽に限らない様々なコミュニティプロジェクトの在り方として望ましいと、筆者は考える。

5 中村（2010）によれば、第一と第二のように音楽を直接演奏したり聴取したりするミュージッキングに対して、第三のそれを「間接的ミュージッキング」、また第四のそれを「抽象的ミュージッキング」としている。

6 毛利嘉孝（2017）は、「非西洋の音楽、とりわけアフリカ／アメリカの黒人音楽にその起源を持つジャズやロック、ファンクやラップミュージックの歴史の考察とは、そうした西洋中心主義にどっぷりと毒された音楽史に対するはっきりとした政治的な介入」（16）と述べつつ、一方で、スモールのミュージッキングは、こうした西洋音楽中心主義が孕む問題を意識しているにも関わらず、「非西洋音楽を無視したり、軽視したりするのではなく、むしろ過剰に評価することによって図らずも西洋と非西洋という二分法を再生産してしまっている」（16）という、鋭い指摘をしている。

7 『4′33″』（Cage 1952）は、ピアノをはじめとした楽器の前に、演奏者が一切演奏行為を行わずに4分33秒間沈黙をするという作品。楽譜にはTACET（休憩）と書いてあるのみ。観客は音楽としての「無音」を味わう過程で、周囲の環境にいかに「音」が流れているかを発見することとなる。つまりここでは、「音楽」とはあらかじめ「決定」されているものではなく、様々な音の中から主体が「それ」を「音楽」として「選び取る」という主張がなされている。

8 アドルノ（1962＝1999）は、20世紀の機械的大量生産が普及した社会における音楽の聴衆を、「エキスパート」、「良き聴取者」、「教養消費者」、「情緒的聴取者」、「ルサンチマン型聴取者」、「娯楽型聴取者」、「音楽に対して無関心な者、非音楽的な者、音楽嫌いな者」という七類型に分けた。この場合、それらの類型ごとに、聴取する音楽が「決定」され

第1章　音楽実践の「幅」をめぐる議論　　37

ているといった主張を指す。

9 アルビン・トフラーはこのことを「生産消費者（prosumer）」［Toffler 1980］という概念で表した。

10 フリスによる論考「音楽とアイデンティティ」（2000）については、第5章で詳しく触れる。

11 渡辺裕（2013）によれば「聴覚文化（auditory culture）」とは、「音楽に限定することなく、環境音など、われわれの周囲にある様々な音がおりなす世界を「文化」として捉えようとする考え方」（40）とされる。本文にて後述するブルはこの研究において先駆的な論文集となった『The Auditory Culture Reader』（Bull & Back 2003）の編者であり、ここではマリー・シェーファーによる有名なサウンドスケイプ概念や、聴覚文化論の第一人者であるジョナサン・スターンによる十九世紀における聴診器による診断法の研究、またブルによる若者の車内における音楽選曲の批判的研究など、その学問的アプローチも音楽学から感性学、人類学からカルチュラル・スタディーズと多岐に渡っている。このような聴覚文化論は本書における音楽実践の幅をより広範に捉えるために抑えておくべき視点ではある一方で学問的問題も抱えている。渡辺も参加した共同討議（2015, 17-59）における吉田寛は、とりわけ国内における「聴覚文化論は多くの場合、音楽学の中で扱いうる問題を扱っているにすぎ」（27）ず、「とくに、1960年代以降、音楽学そのものが同時代の文化的動向に即応して、常に流動しながら展開してきたこと」（27）に触れつつ、「聴覚文化論なるものが、音楽現象の研究にとどまらずに、文字通り「聴覚」そのものの研究をするというのなら、耳そのもののあり方はもちろんのこと、声や言語、意識といったものまでも視野に入れなくてはならない」（28）と指摘した。筆者もその点に同意し、あくまで本書において主題となる音楽による想起がもたらす実践と近接する範囲にのみポピュラー音楽研究の延長にある研究として着目するに留め、以後、聴覚文化論を幅広く検討することは差し控えることとする。

12 デノーラ（1999）は、職務と結びついた音楽は、「強制的な」（necessary）活動形態として知覚されるために嫌気のさす活動形態から、特定の状況によって「必要とされた」（demanded）活動形態へと個人を移動させるための触媒として使用されることを示唆している。

13 若尾裕（2017）は、デノーラの「自己のテクノロジー」論について、「それはそのような調整音楽の持つ情動作用の積極的な利用」（61）としながら、個々人が生活の中で自分の好みの楽曲を、その本来の楽曲が成立する文脈とはまったく無関係に使用することを例にあげながら、「音楽とその用法になんの対応関係もみいだせないような個人的な音楽の使用のありかたが、いまの時代には成立している」（同）と述べ、さらには「ここでは他者との音楽の共有はまったく考えられておらず、ただ音楽が私的な空間の形成に使われているのみである」（同）ことを指摘した。また、このような「自己のテクノロジー」を他者との共有のために使う際には、逆に、パイプト・ミュージックに代表される公共空間での市民の「管理」や、若者に来て欲しくない場所に意図的にクラシック音楽をかけるといった「排除」のために音楽が使われる問題も指摘する（62）。筆者は、このような「私的な使用」でもなく、また他者の「管理」や「排除」のためでもなく、異な

る背景を持った他者と他者との「交わり」のためにどういった音楽的アクションが可能かについて、引き続き本書で検討していきたい。

14 スロボダたちが行ったESM研究と、サセックス集団観察調査のなかで「郷愁」機能に着目し、「最も多く言及された機能は、本質的には郷愁であった。」（Sloboda他 2008, 328）と述べている。

15 トレヴァーセン（1999）は個人が音楽を用いながら他者と関わるプロセスで生まれる共感状態を「コミュニカティヴな音楽性（communicative musicality）」と述べ、そこから協調的な他者との関係性が生まれてゆくと指摘した。

参考文献：

・ Adorno, Theodor, W., 1962, EinleitungindieMusiksoziologie, Schrkamp Verlag（＝高辻知義・渡辺健訳, 1999,『音楽社会学序説』, 平凡社）

・ アサダワタル, 2011,「「カマン！TV」から見えた路上の新風景」『アートと地域：社会実験としての小さな公共圏生成へ／カマン！メディアセンター 2009-2010』, 大阪市立大学都市研究プラザ

・ アサダワタル, 2012,「Production Note」『糸賀一雄記念賞第十回音楽祭 音とダンスでナントにつながる。創発レポート』滋賀県社会福祉事業団企画事業部

・ アサダワタル, 2013,「個の記憶を解凍してシェアする音楽の使い方」『つながるための〈しくみ〉をいかに作るか？──協働的表現の実践とその可能性をめぐって』津田塾大学ソーシャル・メディア・センター

・ Bull, Michael, 2000, Sounding Out the City: Personal Stereos and the Management of Everyday Life, Materializing Culture.

・ Bull, Michael & Back, Les, 2003, The Auditory Culture Reader, Berg Publishers

・ Cook, Nicolas, 1998, Music: A Very Short Intoroduction, OxfordUniversityPress.

・ Cook, Nicolas, 2003, "Music as Performance" Martin Clayton, Trevor Herbert, and Richard Middleton, ed., The Cultural Study of Music, Routledge.（＝若尾裕監訳, 卜田隆嗣・田中慎一郎・原真理子・三宅博子訳, 2011,『音楽のカルチュラル・スタディーズ』, アルテスパブリッシング）

・ Crafts, Susan D., Cavicchi, Daniel & Keil, Charles, 1993, My Music: Explorations of Music in Daily Life, Wesleyan University Press.

・ Dahlhaus, Carl, 1983, Foundations of Music History Cambridge University Press

・ DeNora, Tia, 2000, Music in Everyday Life, Cambridge University Press.

・ DeNora, Tia, 1999, "Music as a technology of the self", Poetics27.

・ 円堂都司昭, 2013,『ソーシャル化する音楽：「聴取」から「遊び」へ』青土社

・ Frith, Simon, 1996, "Music and Identity"Stuart Hall & Paul du Gay, ed., Questions of Cultural Identity: Who Needs Identity, Sage Publications of London（＝宇波彰・柿沼敏江他訳, 2001,『カルチュラル・アイデンティティの諸問題──誰がアイデンティティを必要とするのか？』, 大村書店）

- Frith, Simon, 2003, "Music and Everyday Life" Martin Clayton, Trevor Herbert, and Richard Middleton, ed., The Cultural Study of Music, Routledge.（＝若尾裕監訳，卜田隆嗣・田中慎一郎・原真理子・三宅博子訳，2011,『音楽のカルチュラル・スタディーズ』，アルテスパブリッシング）
- 福中冬子（訳・解説），2013,『ニュー・ミュージコロジー：音楽作品を「読む」批評理論』慶應義塾大学出版会
- Goehr, Lydia, 1992, "The imaginary museum of musical works（an essay in the philosophy of music）", Clarendon Press and OxfordUniversityPress.
- Halbwachs, Maurice, 1950, La mémoire collective, Presses Universitaires de France.（＝小関藤一郎訳，1989,『集合的記憶』，行路社）
- Hall, Stuart, 1980, Drifting into a Law and Order Society, Cobden Trust.
- Hargreaves, D.J. & North, A.C., ed., 1997, The Social Psychology of Music, Oxford University Press（＝磯部二郎・沖野成紀他訳，2004,『人はなぜ音楽を聴くのか―音楽の社会心理学』，東海大学出版会）
- 井手口彰典，2009,『ネットワーク・ミュージッキング：「参照の時代」の音楽文化』勁草書房
- Juslin, Patrik N. & Sloboda, John A., ed., 2001, Music and emotion: theory and research, Oxford University Press（＝大串健吾・星野悦子他訳，2008,『音楽と感情の心理学』，誠信書房）
- 久保田翠，2011,「レッツ誕生からたけし文化センターへの軌跡」『たけぶん：Dot Arts の起草まで』，NPO法人クリエイティブサポートレッツ
- 熊倉純子（監修），2014,『アートプロジェクト（芸術と共創する社会）』水曜社
- MacDonald, Raymond, A.R., Miell, Dorothy & Hargreaves, D.J., ed., 2002, Musical Identities, Oxford University Press（＝岡本美代子・東村知子訳，2011,『音楽アイデンティティ：音楽心理学の新しいアプローチ』，北大路書房）
- 増田聡，2006,『聴衆をつくる：―音楽批評の解体文法』青土社
- 増田聡，2008,「「作曲の時代」と初音ミク」『季刊InterCommunication』64, NTT出版
- Miell, Dorothy, MacDonald, Raymond & Hargreaves, D.J., ed., 2005, Musical Communication, Oxford University Press（＝星野悦子訳，2012,『音楽的コミュニケーション：心理・教育・文化・脳と臨床からのアプローチ』，誠信書房）
- 毛利嘉孝，2012,『増補 ポピュラー音楽と資本主義』せりか書房
- 毛利嘉孝（編），2017,『アフターミュージッキング―実践する音楽―』東京藝術大学出版会
- 中川眞，2009,「社会包摂に向き合うアートマネジメント―ボトムアップのガバナンス形成へ向けて」『創造都市と社会包摂 文化多様性・市民知・まちづくり』，水曜社
- 中川眞，2011,「小さな公共空間の成立へ―アートと社会包摂試論」『アートと地域：社会実験としての小さな公共圏生成へ／カマン！メディアセンター 2009-2010』，大阪市立大学都市研究プラザ
- 中川眞，2013,『アートの力』和泉書院

- 中川眞, 2015,「アートによる社会的包摂？」『地域に根ざしたアートと文化〜大阪市：地域等における芸術活動促進事業』, 大阪市
- 中川眞, 2017,「アジアを視野にいれた社会包摂型アーツマネジメントの形成に向けて」『包摂都市のレジリエンス 理念モデルと実践モデルの構築』, 水曜社
- 中村美亜, 2010,「〈音楽する〉とはどういうことか？―多文化社会における音楽文化の意義を考えるための予備的考察―」『東京藝術大学音楽学部紀要』, 東京藝術大学音楽学部
- Nattiez, J.J., 1987, Musicologie générale et semiology, Chiristian Bourgois.（＝足立美比古訳, 1996,『音楽記号学』, 春秋社）
- 野村誠・大沢久子, 2006,『老人ホームに音楽がひびく 作曲家になったお年寄り』晶文社
- 沼田里衣, 2010,「コミュニティ音楽療法における音楽の芸術的価値と社会的意味―アウトサイダー・アートに関する議論を手掛かりに」『日本音楽療法学会誌』10 日本音楽療法学会
- 坂倉杏介, 2009,「音楽するコミュニティと「現れの空間」」『アートミーツケア』1, アートミーツケア学会
- Small, Christopher, 1998, Musicking: The Meaning of Performing and Listenning, Wesleyan University Press.（＝野澤豊一・西島千尋訳, 2011,『ミュージッキング』, 水声社）
- 外山滋比古, 2010,『異本論』筑摩書房
- Trevarthen, Colwyn, 1999, "Musicality and the Intrinsic Motive Pulse: Evidence from Human Psychobiology and Infant Communication", Musicae Scientiae3.
- 若尾裕, 2017,『サステナブル・ミュージック これからの持続可能な音楽のあり方』ARTES
- 渡辺裕, 2013,『サウンドとメディアの文化資源学：境界線上の音楽』春秋社
- 渡辺裕, 吉田寛, 金子智太郎他, 2015,「共同討議：聴覚性の過去と現在」『表象』9, 表象文化論学会
- 「Wired.jp」ホームページ（最終アクセス：2018年5月3日）
  https://wired.jp/2004/02/27/『ipod』の社会的影響――メディア文化研究者にイ/

^第**2**^章

想起をめぐる議論
──想起に「創造性」という視点を与える──

第1節　記憶と想起

　前章では「そもそも「音楽する」とは、どこからどこまでの行為を指すのか」について整理をしてきた。ここからは、文化社会学、歴史学、メディアスタディーズなど学際的な記憶研究の議論を紐解きながら、もう一つの鍵概念である「想起」について、とりわけその想起に内在する「創造性」について考えていこう。

　本題に入る前にここでひとまず、認知心理学における「記憶」という概念の整理を挟んでおきたい。ただし、先回りして言えば、本書において重要なのはその整理のなかでも、「長期記憶」のなかの「エピソード記憶」であり、その中でもとりわけ「自伝的記憶」と呼ばれるものなので、その辺りの説明までは多少読み飛ばしていただいても構わない。

　認知心理学では一般的に、記憶とは過去の経験情報を保持し、後にそれを利用する機能だ、とされている。また、記憶の過程は、記銘（符号化）、貯蔵（保持）、想起（検索）の3段階に分けられる。第一段階の記銘は、情報を記憶に貯蔵するときのプロセスにおいて、その情報を記憶として取り込める形式に変えることを指す。第二段階の貯蔵は、情報を保持する段階を指す。忘却とはすなわち、貯蔵していた情報が記憶から消えてしまうことによって発生することであるが、中でも単純に時間が経過してゆくことによってその情報が消失していくことは崩壊と呼ばれ、また他の情報を貯蔵したことでその割り込んだ情報によ

って元々貯蔵していた情報が失われることは干渉と呼ばれている。そして、本書の主題である第三段階の想起は、思い出すときの過程を指す。よく言う「思い出せない」という状態は、もちろん記銘や貯蔵の段階ですでに記憶化に失敗していることもあるが、記憶の中から適切な情報を検索して呼び出してくるこの想起の過程に失敗しても、発生する状態だと言える。逆に意識的に思い出そうとしなくとも、何かの体験が契機となって、ある記憶が突然想起されるといったことも、度々起こりえるのが、この想起という機能の重要な役割である。

　また、これらの段階を経て生まれる記憶の分類についても簡単に触れておこう。心理学領域では、記憶の保持時間に基づく分類として、感覚記憶、短期記憶、長期記憶の三つに大別される（図1）。感覚記憶とは、最も保持期間が短い記憶であり、各感覚器官に特有に存在し、瞬間的に保持されるのみの記憶である。外界から入力された刺激情報は、まず感覚記憶として保持され、そのうち注意を向けられた一部の情報だけが記憶の貯蔵庫に入れられ、短期記憶となって保持される。短期記憶とは、保持期間が数十秒程度の記憶であり、保持時間だけでは

図1：記憶の分類図。本書に必要な分類のみを大きめに表した簡易なもの

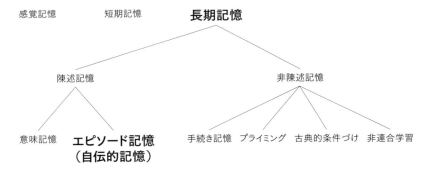

なく、一度に保持される情報の容量も限られている。短期記憶に含まれる情報の多くは忘却され、その一部が長期記憶として保持される。長期記憶は保持時間が長く、数分から一生にわたって保持される記憶である。短期記憶とは異なり、容量の大きさに制限はないことが特徴とされる。また、この保持情報が短期記憶から長期記憶として安定化する過程のことを記憶の固定化と呼ぶ。

　長期記憶には、内容面の分類として陳述記憶（エピソード記憶、意味記憶）と非陳述記憶（手続き記憶、プライミングなど）が含まれる。陳述記憶には、エピソード記憶と意味記憶が含まれる。エピソード記憶とは、個人が経験した出来事に関する記憶で、例えば、昨日はどこで誰と会議をしたか、あるいは朝食は何を食べたか、というような記憶に相当する。エピソード記憶には、その出来事を経験そのもののみならず、それを経験した時の様々な時間的・空間的文脈および自己の身体的・心理的状態なども含めて記憶されるとされている。また、このエピソード記憶のなかでも、自分の生涯において生じた様々な出来事、特に重要なライフイベントやアイデンティティの形成に関わるような記憶を「自伝的記憶」と言い、これが本書において単に「記憶」という言葉を使う際に指し示すものである。それに対して意味記憶とは、いわゆる知識に相当し、言葉や知覚対象の意味、社会的規範や常識などに関する記憶である。また、非陳述記憶には手続き記憶（運動技能、知覚技能、認知技能など・習慣）、プライミング、古典的条件づけ、非連合学習などが含まれるが、ここでは以降に展開する論と直接的な関連性がないため、説明を省略する。

　さて、これまで記憶にまつわる諸概念の簡単な整理を行い、本書における「記憶」とはすなわち「自伝的記憶」のことを指すと提示した。

表2：規程の「想起」イメージにまつわる概念整理表

想　　起	思い出す行為
想 起 者	思い出す主体
想 起 対 象	・音楽など想起を促す対象物そのもの ・想起者がかつてその対象物に触れた体験 ・その体験から思い出される自伝的記憶
想起の仕方	・物（音楽など物質を伴わないメディア芸術も含めて）との出合い ・想起者自らがその物に対する体験を再現するような行為（音楽であれば口ずさむなど） ・想起者の想起を受け止める「聞き手」との対話

　そのうえで「想起」について、もう少し整理をしておこう。

　想起とは「思い出す」行為であると述べたが、当然その行為には思い出す主体、思い出す対象、そして思い出す方法が存在する。まず、本書において取り上げてきた主たる想起の方法は無論、音楽（楽曲）である。音楽をきっかけとした想起とは、一般的にこのようなプロセスを辿ると考えられるだろう。すなわち楽曲を聴くことによって、それを聴いた主体がまずその楽曲そのものを想起の対象として思い出し、そこから副次的にその楽曲をかつて聴いていた体験をその時代や環境とともに思い出し、そしてそのなかでもとりわけエピソードとして印象深い自伝的記憶を思い出すに至る、と。あるいは楽曲を聴く過程で、自ら口ずさむ行為が挟まることで、より当時の体験を色濃く想起する方法を意識的／無意識的に関わらず自ら強化する可能性もあるだろう。さらには、それを聴いた主体がひとりきりで想起するのではなく、そこにその想起を受け止める「聞き手」との対話が存在することによって、主体の想起を一層促してゆく可能性もまた考えられるだろう。本書ではこれらの想起イメージを下敷きにしながら以降、表2で示したように「想起者」、「想起対象」、そして本書において最も重要になる

「想起の仕方」といった概念を整理しておく。しかしその理由は、これらの概念の整合性を証明するためではない。むしろ本書ではこれらの規程の「想起なるもののイメージ」のみでは収まりきらない、想起という経験が持つさらなる可能性を、続く第3章と第4章の事例をもとに解き明かしたい。よってまずはそのための基本整理として、ご理解いただきたい。

（第2節） 音楽と「懐かしさ」

　さて、ここまで記憶についての基礎的な概念について触れながら、想起にまつわる規程のイメージを確認してきた。繰り返しになるが本書で取り扱う「音楽」という存在は、想起の手がかりとしての役割を担うものとして一般的によく知られている。人は過去に聴いたことのある音楽を再び聴いたときに、その楽曲そのものを思い出すとともにかつてそれを聴いていた当時の自身の状況までをも鮮明に思い出すことがある。このとき、想起者の心に喚起されるものが、一般的に言うところの「懐かしい」という感情である。消費者行動研究者のモリス・ホルブルックとロバート・シンドラー（Holbrook & Schindler 1991）は、懐かしさ（ノスタルジア）について、「若かったときに流行していたもの

に対する好意的な感情」と定義し、またこの定義をもとに消費者行動研究者の堀内圭子（2007）はノスタルジアを「過去に思いを馳せるときに生じる肯定的感情経験全般」と述べた。また、このホルブルックとシンドラー（Holbrook & Schindler 1989）による音楽の想起の役割に着目した調査では、幅広い年代の消費者に好みの音楽について質問したところ、その多くが自身の青年期の終わりごろから成年期初期に流行った曲をあげることがわかった。

　このような調査研究は米国を中心に多数行われており、例えばポピュラー音楽によって生まれた具体的な想起対象を大学生と年配者という異なる世代間で比較調査した研究（Schulkind, Hennis & Rubin 1999）、ポピュラー音楽による想起が人々にどのような感情をもたらすかを調査し、自伝的記憶の生成構造を解き明かす研究（Janata, Tomic & Rakowski 2007）、またその感情の中からとりわけ「懐かしさ」を感じさせる音楽について調査し、その感情の表出と個人の性格に存在する関連性を解き明かす研究（Barrett, Grimm, Robins, Wildschut, Sedikides & Janata 2010）、「懐かしさ」の感情を引き起こす要因を大学生に対して項目別に調査し、音楽においては小学校や中学校時代に歌っていた曲（校歌や童謡、当時のテレビドラマやアニメの主題歌など）が多く挙げられることを示した研究（楠見他 2014）などが挙げられる。こうした一連の研究は、後に紹介していく「ノスタルジア消費研究」の出発点となっており、ノスタルジアと年齢の関係のみならず、個人の性格——ノスタルジア性向や懐かしみやすい体質とでも呼べばいいだろうか——にいかに訴えかけるかなど、広告をはじめとしたメディア研究と連携した様々な研究が行われてきた。

　さて、本章では以下、これらの音楽と想起にまつわる先行研究のな

第2章　想起をめぐる議論　49

かでもとりわけ音楽を想起の手がかりとして実践的に使用する現場であり、国内においてその研究蓄積が比較的豊富な高齢者医療現場における臨床研究、そして、この分野の研究では避けて通れないであろうノスタルジア消費にまつわる研究に絞って整理してゆこう。

②-1 高齢者医療、音楽療法の現場から

音楽と想起の関係についての国内研究において、その多くが高齢者医療における臨床現場から報告されてきた。例えば、「懐かしさ」は過去の記憶を想起することで生じるだけでなく、逆に懐かしいという感情が記憶や気分などの認知機能に影響を及ぼすこともあり、「懐かしさ」が喚起されると、自伝的記憶の想起量や想起時間が促進されることも明らかにされている（Batcho 1998; 瀧川, 仲 2011）。さらに音楽の「懐かしさ」と感情反応・自伝的記憶との想起の関連についての実験を行った小林麻美らよって、音楽を聴いて感じる「懐かしさ」は、音楽の好みよりも感情反応へ影響し、ポジティブな感情を引き起こすことが示唆されている（小林, 岩永, 生和 2002）。こういった実験結果は、とりわけ認知症高齢者が生活する特別養護老人ホームやグループホーム、およびデイサービスセンターなどの福祉施設や音楽療法の現場からの報告が数多く見られる（ex坂下 2008; 片桐 2012; 竹内 2011）。例えば片桐幹世（2012）の研究では、認知症高齢者の心のケアとQOL（Quality of Life）の向上を目的にグループホームとデイサービスにおいて音楽療法を実施し、音楽によって想起される認知症高齢者の長期記憶の種類（エピソード記憶、意味記憶）、および記憶の内容を分類・考察した。その結

果、認知症高齢者のエピソード記憶の改善に効果がある曲として、季節や自然に関する曲、人生歌、対象者たちが好きな曲の3種類が抽出され、特に季節や自然に関する曲は、含まれるキーワード（「海」や「森」など）により記憶が想起されるといった特徴が見受けられたという。こういった結果を導きだすことで、片桐は、認知症高齢者の持つエピソード記憶を効率よく引き出すための、独自の音楽療法プログラムの開発提案へとつなげている。

　また、自ら音楽療法士として、認知症高齢者にとっての「なじみの音楽」が彼ら彼女らに及ぼす改善効果についての臨床実験を行っている坂下正幸（2008）は、これまでの音楽療法がEBM（Evidence-based Medicine）を重視した医学モデルに偏重してきた課題[1]を示し、音楽療法ならではの対象者理解の視点を明確に打ち出すために、ナラティブ（物語る行為）を考慮した実践的なプログラムを検討した。具体的には、認知症高齢者が聴き慣れた、あるいは大切にしてきた「なじみの音楽」を集団音楽療法のなかで用いて、彼ら彼女らの生活史や記憶を引き出すプロセスを通して、社会性の維持、および自信の回復にどのようにつながるのかを記述するといったものだ。坂下の臨床研究では、特別養護老人ホームで生活する要介護度Ⅳで85歳（いずれも当時）の男性A氏が対象である。他者とのコミュニケーションが希薄であり、ADL低下および認知症の進行が予測できたA氏には、かつて長年ハーモニカをたしなんできた経験があった。108回にわたる日常的な音楽療法プログラムでは、まずは「なじみの音楽」を用いた歌唱活動を行いながら、徐々にハーモニカ演奏を取り入れて、関わりを深めていこうとする実践計画が立てられた。その結果、A氏へのハーモニカ演奏を介した他者への関わりは、自伝的記憶のナラティブや歌唱などの表現を誘

発し、A氏は他の参加者の前で演奏することができるようになった。介護職員からは以前に比べて表情が明るくなり、夜間も良眠しているという報告がなされ、また介護職員5名で実施した評価においても参加意欲や社会性など精神面での効果が得られたと結論づけられた。

　この臨床研究においてとりわけ興味深い点は、「なじみの音楽」を聴いたA氏の回想の内容が、「若い頃、商店街に借り出されて、何でも唄いました」(75)や「ハーモニカ歴が60年あり、戦時中にはじめた」(75)といったように、青年期に体験したと思われる出来事がその多くを占めていたことである。音楽療法における記憶の役割を概説した音楽教育学者の竹内貞一（2011）の報告によれば、想起のために童謡・唱歌などを使った現場では、想起者は主に幼少期の自伝的記憶を多く語る傾向にあり、一方で、歌謡曲を扱った現場では、主に20歳代を中心にしたその前後を含む自伝的記憶を多く語る傾向があるとされている。また、60歳代から90歳代の合計114名を対象に、人生における「思い出深い音楽」に関する自伝的記憶のアンケート調査を行った音楽療法士の西村ひとみ（2007）の実験からも、そのエピソードの発生時期が青年期をピークとした学童期から成人期前期（20歳代）までに集中していることが報告された。

　こういった現象は、「レミニセンス・バンプ」（reminiscence bump）と呼ばれており、認知心理学や発達心理学の領域ではよく知られている概念だ。「レミニセンス」とは「想起」を、「バンプ」とはグラフに表したときの「出っ張り」のことを指す。芸術療法の理論家として知られるジュディス・A. ルービンら（Rubin, Wetzler, & Nebes 1986）の実験では、実験参加者に手がかりとなるキーワードを提示し、想起されたエピソードを年齢順にまとめて自伝的記憶の分布を作成すると、10〜30

歳頃の想起件数が際立って多いことが明らかとなった。この箇所のグラフの出っ張りがレミニセンス・バンプと呼ばれる現象であり、この学童期から成人期において人々がアイデンティティの確立のために記憶が精緻化されるためであると考えられている。

　以上、主に高齢者医療、音楽療法現場における「懐かしさ」と、その感情を喚起する「なじみの音楽」、そして同時に想起される自伝的記憶とその記憶の時期の在り処の特徴を踏まえたレミニセンス・バンプなどに触れてきた。これらの研究は、本書が取り扱う「音楽×想起」の現場である一方で、そのコミュニケーションの焦点が「想起者一人の治療面」にのみ当てられている点で、筆者が本書で考察する、「コミュニティ生成」や「他者との関係性の変化」を重視する研究とは袂を分かつ。紹介してきた音楽療法の現場では、自明のように語りの主人公である福祉・医療現場の利用者や患者のケアが第一義の目的であり、支援者や家族がそこで題材となった楽曲の意味を読み替えることでエンパワメントされ、利用者・患者と支援者や家族との間に新たな関係性が築かれていく可能性があったとしても、そこに焦点があたることは少ない。また、その関係性に関わりのない第三者がそのコミュニケーションプロセスに参加できる機会（何かしらのオープンな発表会などがない限りは）も極めて稀である[2]。

　そこで想定されるのは、コミュニティ音楽療法の現場だ。従来の音楽療法が疾病や障害などをもつクライエントとセラピストとの関係の中で行われるのに対して、コミュニティ音楽療法では、クライエントの家族、友人、地域をも巻き込み、クライエントを取り巻くコミュニティ全体に変化をもたらすことを目的とするものだ。またそうした近年のコミュニティ音楽療法の現場では、その実践の手法においても創

造性を重視し、主に即興演奏を用いた実践報告がなされてきた（ex Stige 2002 = 2008; 坂倉 2009; 沼田 2010）。こういったクライエントから同心円状に広がる関係性の変化に着目したコミュニティ音楽療法の現場は大変興味深く、また創造性という点においても筆者の実践と接続しうると考える。しかしその一方で、そもそも音楽療法の歴史において既存のポピュラー音楽が使用されるケースは、むしろ「誰もが知っている」という意味での「福祉的配慮」とみなされ、音楽が治療のための単なる「手段」とみなされる考えを助長し、そこで生まれる表現のオリジナリティが考慮されないという指摘もある（沼田 2010）。ここでもまた「そもそも「創造性」や「オリジナリティ」とは何？」という議論が必要になってくるわけだが、本節では一旦深入りせずにおこう。したがって、音楽療法の現場において、既存の楽曲を使用した「音楽×想起」のプログラムが「福祉的配慮」ではなく「創造性」という点から見ても評価や批評の対象となるためには、まず現場において（即興演奏などの手法によって）「わかりやすい創造性」が重視される視点が担保される状況に至ったうえで、そのような実践までをもその創造的視点において再帰的に読み替えていくというプロセスを待たねばならないのかもしれない。しかし、もう少し先行議論を読み解けば、ケアにまつわるコミュニティアートの研究を行う坂倉杏介も「音楽＝コミュニティ」という論点（坂倉 2009）を提示したように、また、音楽療法の研究者であるゲイリー・アンスデルが語るコミュニティ音楽療法とコミュニティアート（芸術によって地域共同体や福祉に関与していくアートプロジェクト）との接点を探る言説（Ansdell 2002）や、同じく音楽療法の研究者であるブリュンユルフ・スティーゲの「コミュニティ"としての"音楽」という論点（Stige 2007）などは、筆者が想定する「音楽×想起による

コミュニティデザイン」の可能性を検討するにあたって、参照し得る点は多分にあるだろう。

また、音楽療法の現場においては、これまで多くの心理学的な実証的研究、すなわち量的データを収集し、統計解析を行う方法が行われてきたが、サイエンスライターのフィリップ・ボールは、音楽と感情の関係を研究する際に度々期待される音楽の効能[3]については、測定不可能であるとし（Ball 2010 = 2011, 380）、「音楽自体がどういうものかより、いつそれを聴くかの方が、聴く音の感情にはるかに大きな影響を与える」（383）と述べている。「懐かしい」という感情においても、その音楽の内容にだけ着目するのではなく、「いつ、誰と、どういった状況でその音楽を通じて想起したか」といった、想起の現場を「コミュニティの質」として捉える視点を持つことも必要なのではなかろうか。

さて次節では、これまで語ってきた「なじみの音楽」を介した想起の現場が、シニア・団塊世代の消費・余暇行動と絡まりながら発展してゆく現象にまつわる社会学的調査の先行議論、すなわち音楽によるノスタルジア消費研究について整理してゆこう。

②-2　ノスタルジア市場の現場から

団塊世代（1947年から1949年生まれの世代）が大量に定年退職を迎えたいわゆる「2007年問題」は、まだ記憶に新しい。そして、彼らをマーケティング戦略のターゲットとしたノスタルジア市場が、この2000年代後半以降勃興していることは、音楽産業においても例外ではない。オリコン株式会社が運営するニュースサイト「ORICON STYLE」に

よれば、団塊世代を対象に「自分たちの世代を表す言葉」というテーマでアンケート調査を行った結果、「ベビーブーム」、「団塊」、「グループ・サウンズ」、「フォークソング」、「ビートルズ」という言葉が上位5位を占めたという。この結果を受け、博報堂エルダービジネス推進室室長（当時）の阪本節郎は、「最初の二つは当然として、後はすべて音楽です。日ごろから「自分たちはひと括りにはできない」と言っている団塊世代ですが、実は音楽ベースで結び付いている」（阪本 2006）と指摘する。

　さて、改めて「ノスタルジア」の語源から入ってみたい。ノスタルジアという言葉は、スイスの医学生であったヨハネス・ホーファー（Hofer 1688）によって作られた概念である。もともとは医学や心理学の領域で使われていた言葉であり、ギリシャ語の「帰郷」（notos）と「痛み」（-algia）に由来する。その名も『ノスタルジアの社会学』という著書で知られる社会学者 フレッド・デービス（Davis 1979）によれば、ノスタルジアは、17世紀後半に故国から離れて戦地に赴任していたスイス人傭兵によく見られた「症状」であり、現在で言うところのホームシックによる抑うつ、情緒不安定、食欲不振などの状態を指していた。そして時を経て、その概念から「病」としての意味が抜け落ちて、現在では「望郷」や「郷愁」といった意味合いで一般的に使用されるようになったと推測される。繰り返すが、消費者行動研究者のホルブルックとシンドラー（Holbrook & Schindler 1991）は、「ノスタルジア」を以下のように定義している。

人が、若かったとき（成人期初期、青年期、幼少期、さらには生まれる前までも）、今より一般的だった（流行していた、ファッショナブルだった、ある

いは広く流布していた）もの（人、場所、物）に対する選好（一般的な好意、肯定的態度、あるいは好意的感情）。(330)[4]

　音楽社会学者の宮入恭平（2010,2011）は、まさしく「ビートルズ」や「フォーク」といったキャッチコピーを掲げたCDが数多く発売される昨今のレコード市場や、「つま恋」などを代表とするかつてのフォークブームをリバイバルさせたコンサートの入場者数、あるいはかつて憧れた楽器演奏への再燃がアコースティックギターの販売実績や大人の音楽教室生徒数における団塊世代の割合の増加へとつながっている事実を、統計データをもとに分析した。宮入は、ノスタルジア市場が勃興する特徴の一つとして、団塊世代による量質転化の力をあげる（宮入 2010, 30）。また宮入は、三浦展の団塊世代論考（三浦 2005, 2007）を引きながら、団塊世代はその突出した人口によって、小さな質的変化さえも大きく見せることができると指摘し、たとえばビートルズやフォークソングを享受したのは団塊世代のうちでも実際は一部のインテリで反体制を気取った層であったことを示唆しながらも、量質転化の力によって「ビートルズ世代」、「フォーク世代」といったイメージを作り上げ、マスメディアなどでさらに助長されたその「つくられたイメージ」（宮入 2011, 11）を（当時は実際に聴いていなくとも）後になってから刷り込まれた層も存在することを推測する（2010, 30）。さらには、「懐かしさ」とはそもそもあらゆる世代に共通する人間の情動であるにもかかわらず、ノスタルジア市場において団塊世代が注目される理由の一つもこの量質転化の力にあると語った（35）。
　統計データによる調査をもとに分析した宮入に対して、中高年の「音楽による想起の現場」を詳細にフィールドワークした音楽社会学者の

小泉恭子（2013）の研究からは、ノスタルジア消費としてのみ語られる団塊世代の音楽文化の隠れた多層性やイメージのずれが垣間見られる。小泉は、グローバル化に関する文化論的研究で知られる文化人類学者 アルジュン・アパデュライの「スケープ」概念（Appadurai 2004）を基盤とした「メモリースケープ」という概念を引きながら、個人のライフヒストリーから生まれる記憶と世代で共有される文化的な記憶の両者が交わる想起の現場を調査した。その際に小泉が訪れたのは、うたごえバスやフォーク酒場といったフィールドだ。小泉は、日本経済新聞編集委員兼論説委員の石橋仁美による「フォーク酒場──普通のオジサンがギター弾き語り」という記事が「シニア──団塊世代が本当に欲しいもの」の章に収められてはいるものの「聞こえてくる歌は、四十歳以上の男性にとってはどれもなじみのものばかりだ」と年齢層を下方修正している報告（石橋 2006, 238）を引きながら、2006年以降にブームとなったフォーク酒場において、団塊世代をほとんど見かけないという事実を述べる。小泉はその理由を数点述べている（小泉 2013, 94-97）。ひとつに、団塊世代はフォーク酒場やライブハウスなどの経営者、すなわちフォークリヴァイヴァルの仕掛け人側に回っている可能性があり、お客にはむしろ団塊世代のフォーク歌手に憧れる弟・妹世代のファンが訪れているというパターンを示唆している。次に、団塊世代は「お金を持っている」と言われる一方で、年金暮らしでギターを新調したり通勤定期なき後に酒場に通うことが経済的に厳しいことや、子ども世代の不安定雇用や未婚化による親離れの遅れによるさらなる経済的負担の延長が、彼らをフォーク酒場から遠ざけているという物理的な理由も指摘している。そして、次に述べる理由がとりわけ興味深いのだが、そもそも団塊世代の中にも「懐古」への抵

抗感を持つ人たちも少なからずいるという事実だ。つまり「懐かしく
ない」わけである。小泉はフィールドワークと並行して、団塊世代に
対してフォークソングなど過去に聴いていた音楽にまつわるインタビュ
ーを行った。その結果、「懐古趣味でビートルズのコピーバンドを聴
きに行ったが、どう生産的かわからなかった。もういいやとふっきれ
た」（昭和24年生・男性）（95）、「青春というのは愚かしいことばかりで思
い出すだにうんざり。いまがいちばん楽しいと言えるのが幸せ」（昭和
25年生・女性）（同）などの意見を紹介している。一方で、団塊世代はい
わゆる全共闘世代として、学園紛争や政治運動を体験したという荒々
しい記憶がフォークソングを代表する音楽と密接に結び付いている世
代だ。その世代を経験しているからこそ、70年安保を体験していない
50代に向けて「社会が与えてくれなかったから、自分たちの青春にド
ラマチックな要素が欲しいんじゃないか」（昭和23年生・男性）（97）とい
ったような、昭和をノスタルジックに「憧れたい」下の世代の感覚を
冷静に代弁する意見までもが聞かれるのかもしれない。

　ところで前述した宮入は、その名も『〈懐かしさ〉を売り物に』と題
された論考で、ノスタルジア市場に対して以下のような批判的な投げ
かけをしている。

〈懐かしさ〉の音楽消費では団塊世代が際立った存在になったが、音楽に
〈懐かしさ〉を覚えるのは団塊世代だけではない。青年期後期から成人期
初期に経験した音楽が、人びとのノスタルジアを最も喚起させると言わ
れている。かつて日本では、演歌が「懐かしのメロディ」と同義で語ら
れていた。しかし、〈懐かしさ〉を売り物にしている現在の音楽市場で、
演歌が語られるのは稀なことだ。つまり、〈懐かしさ〉をまとった音楽か

第2章　想起をめぐる議論　59

らは世代間の分断が見えてくるのだ。(宮入 2010, 14)

　ノスタルジア市場が目指す「懐かしさ」による囲い込みがもたらす効率的な消費に対する宮入の鋭い指摘は、非常に興味深い。ただ、小泉のフィールドワークなどを参照すれば、単純に団塊世代のみが市場が狙う「懐かしさ」の連帯の戦略に陥ってしまっているわけではないこともわかる。改めて、ホルブルックとシンドラーによるノスタルジアの定義を参照にしよう。それによれば自分がもっとも多感だった「成人期初期、青年期」だけでなく「幼少期」、さらには「生まれる前」(!!)までをも含んでいるらしい。それならば理論上は、(経験したわけではないかもしれない)「懐かしさ」までをポジティブに視野に入れることで、ノスタルジアをハブにしながら逆に「異なる世代間が新たな価値観を交差しあうような場づくり」をも実践できるのではないだろうか。
　結局のところ、これらの議論において本当に必要な視点は、「懐かしさ」を売り物にする市場論理にのみ回収されないノスタルジアの批評的な側面を意識的に捉える態度なのではないか、と筆者は考えるのだ。その際参考になるのは、映画『ALWAYS 三丁目の夕日』など高度成長期前後への憧憬として表象される「昭和ノスタルジア」を批評的に分析した社会学者の日高勝之（2014）の視点だ。日高は、まさにこのノスタルジアの批評性（あるいは政治性）について触れるべく、前述したノスタルジアの「症状」の意としての起源に遡り、ノスタルジアとは本来はもっと複雑な歴史的背景と含蓄を備えた言葉であり、「モダニティの進歩に抵抗する感情」（日高 2014, 31-33）であったと語る。「人々はノスタルジアの「症状」を、進歩を妨げる無視できない脅威であると考え、ノスタルジアをモダニティ発展の障害物と考えざるを得なか

った」と述べる日高の論を支えるのは、米国の比較文学者のスヴェト
ラーナ・ボイムによる以下のテクストである。

> ロマンチックなノスタルジアの対象は、現在経験している空間を超越し
> たものでなくてはならず、どこか過去のはっきりしない場所、あるいは
> アンティークの置き時計のように時間が幸運にも止まったユートピアで
> なくてはならない。しかし同時にロマンチックなノスタルジアは、単な
> る進歩へのアンチテーゼでもない。それは一直線の進歩やヘーゲル流の
> 弁証法的な目的論を蝕んでしまうものである。ノスタルジアは、眺めを
> 後ろ向きに変えるだけでなく、横道にそらすのだ。（Boym 2001, 13 ※傍点
> は引用者による）

　この「横道にそらす」力こそが、ノスタルジアのオルタナティブな
価値の提示機能なのではなかろうか。このことを視野に入れれば、本
節のテーマである音楽と「懐かしさ」をめぐる議論は、「「なじみの音
楽」から想起される過去の記憶と「懐かしさ」という感情の喚起」や
「そのサイクルを促す音楽療法やノスタルジア市場」と言った単純な枠
組みを脱することができるだろう。ひいては音楽による「想起」とい
う行為自体に、「懐かしさ」に回収されるのみでない批評的な視点を与
えうるのではなかろうか。本節ではとりわけその視点を強調すべく、
次節へと進もう。

第 2 章　想起をめぐる議論　　61

第3節 想起における芸術の役割

　ドイツ文学者で想起の文化研究で知られる安川晴基は、歴史研究において しばしば「歴史」の対概念として扱われてきた「記憶」という コンセプトの特徴を、第一に「単数形の「歴史」に対する複数形の「記憶」」（傍点ママ）とし、また第二に「過去の客観的な再現に対して選択的な再構成のプロセスの強調」（傍点ママ）とした（安川 2008, 299-298）。これらの考えから我々は、「過去」とは、現在におけるある特定のコンテクストを踏まえたうえで想起されるための「複数の素材」であり、また「想起」は、その素材をその都度再構成しながら、複数の「ありえたかもしれないバージョン」を持った過去を「創作」する言語実践や表象実践と捉えることができるだろう。

　この「記憶の構成主義」とも言える観点から、近年とりわけ参照されることが多い概念に、フランスの社会学者 モーリス・アルヴァックスが1920年代に提唱した「集合的記憶」がある。アルヴァックス（Halbwachs 1950＝1989）によれば、記憶は純粋な個人の心的事象ではなく、そもそも集合的な現象であるといった考えのもと、個人が行う想起は常に「社会的枠組」（個人を取り巻く集団やその成員によって共有される共通の知識など）によって条件づけられるという。それをうけ、安川は集合的記憶論の要点、すなわち「記憶は集団によって生まれ」、「集団は記憶によって生まれる」という二点を以下のようにまとめている。

個人の記憶もまた、社会化のプロセスの中で初めて獲得される。きわめて私的な思い出さえも、個人が属するさまざまな集団の内部におけるコミュニケーションと相互行為に参加することで構築され、固定され、維持される。（安川 2008, 296）

いかなる集団においても、過去はありのままに想起されるのではない。（中略）記憶の「社会的枠組み」に適合するものだけが想起され、この準拠枠に適合しないものは忘れられる。この準拠枠によって、集団は過去を常に、集団のそのつどの自己イメージにかなう要請や価値や希望に暗黙のうちに適合させて形づくる。（中略）集団は、そのような過去についての知識を共有することで、自らの独自性と連続性と結束を維持する。（295）

「想起＝過去の能動的かつ選択的な再構築行為」といった、記憶の構成主義的側面を強調する「集合的記憶」という概念は、筆者がまさに本書で次章以降に取り扱う事例研究へと具体的に受け継がれるものだ。その際に重要になってくるのが、ドイツの文化社会学者 ヤン・アスマンとアライダ・アスマンが提唱した「文化的記憶」という概念である。

　ヤン・アスマンは、アルヴァックスの「集合的記憶」を継承・発展する形で、これを「コミュニケーション的記憶」と「文化的記憶」という二つの概念に再整理した（図2）。前者は、個人が自身の人生の中である時代やその時代における経験を同時代の人々と共有しながら自然発生的に築き上げてゆく記憶のことである。よって、日々の他者とのコミュニケーションという実体験を経るなかで想起が繰り返され、やがて定着してゆく記憶である。そのため、比較的に同時代を生きる

第2章　想起をめぐる議論　　63

図2：集合的記憶の分類図。
　　　機能的記憶と蓄積的記憶はブランコのように前後景を成す

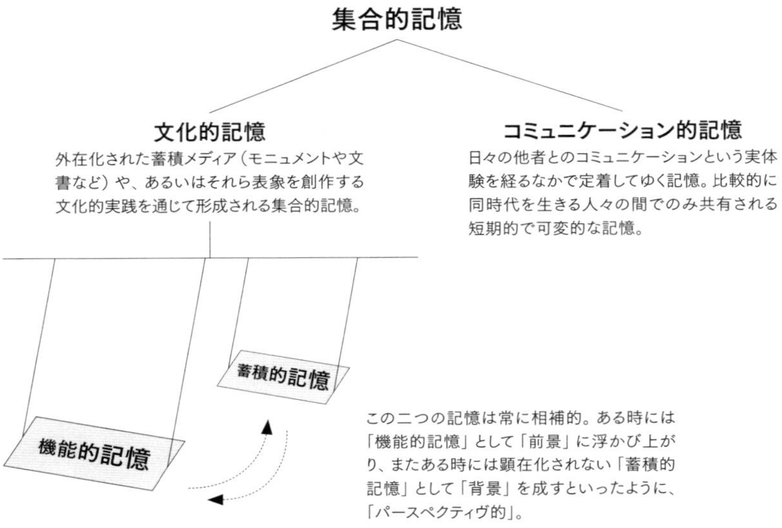

集合的記憶

文化的記憶

外在化された蓄積メディア（モニュメントや文書など）や、あるいはそれら表象を創作する文化的実践を通じて形成される集合的記憶。

コミュニケーション的記憶

日々の他者とのコミュニケーションという実体験を経るなかで定着してゆく記憶。比較的に同時代を生きる人々の間でのみ共有される短期的で可変的な記憶。

蓄積的記憶

機能的記憶

この二つの記憶は常に相補的。ある時には「機能的記憶」として「前景」に浮かび上がり、またある時には顕在化されない「蓄積的記憶」として「背景」を成すといったように、「パースペクティヴ的」。

人々の間でのみ共有される短期的で可変的な記憶とされる（Assmann, J 1992）。一方、後者は、人々の直接的な実体験、すなわち他者とのコミュニケーションを通して生成される記憶ではなく、外在化された蓄積メディア（モニュメントや文書など）や、あるいはそれら表象を創作する文化的実践を通じて形成される集合的記憶のことを指す。よって、「形」となって継承される文化的記憶は長期的な記憶として、諸々の世代を通じて長く伝達されることとなる。

　アスマン夫妻の注目すべき要諦は、外在化された蓄積メディアと文化的実践を媒介にしながら過去を能動的かつ選択的に再構築するプロセスにおける重要な役割として、「想起と忘却のダイナミズム」に着目している点だ。アライダ・アスマンは、その著書『想起の空間―文化

的記憶の形態と変遷』（Assmann, A 2006 ＝ 2007）において、「想起」の役割を以下のように語っている。

> 想起とは、原則として再構成する行為だ。それは常に現在から出発するため、想起の対象が呼び戻されるとき、その対象はずらされ、変形され、歪められ、再評価され、更新される。つまり思い出は、それが潜伏している間、いわば安全な保管庫に置かれているのではなく、変形のプロセスにさらされているのだ。(中略) 想起の心的運動に特徴的であるのは、想起と忘却が常に分かち難く絡み合っているということだ。(中略) あるいはこうも言えるだろう。忘却は蓄えるという行為の敵だが、想起の共犯者であると（44）

アライダ・アスマンは、この想起と忘却のダイナミズムを記述するために、「文化的記憶」をさらに「機能的記憶」と「蓄積的記憶」という二つに区別する。「機能的記憶」とは、実際に現在社会に顕在化し、人々の間で流通し共有されている記憶のことを呼び、また「蓄積的記憶」とは、今の社会では忘れ去られているが、文字やその他のメディアでアーカイブとしては記録されており、社会的に活用されていない潜在的で無意識な記憶のことを呼ぶ。「歴史の学問の大きな屋根の下には、そのような使用されなくなった遺物や、所有者のいなくなった品物が保管されるが、それらは再び評価されて、新たに機能的記憶の仲間入りをすることがある」（168）というように、この二つの記憶は常に相補的なものであり、対立するものではない。これらはある時には「機能的記憶」として「前景」に浮かび上がり、またある時には顕在化されない「蓄積的記憶」として「背景」を成すといったように、「パー

スペクティヴ的」（165）なのだ。

　さらに、アライダ・アスマンは、この想起と忘却のダイナミズムにおいて、芸術が果す役割を重要視している。アライダ・アスマンは、実体験から生まれる生きた記憶、すなわち「コミュニケーション的記憶」が将来失われてしまうことを防ぐためには、それらを何かしらのメディアによって支えられた人工的な「文化的記憶」に移し変える必要性を述べつつも、一方で、その代替プロセスにおいて「この移行は、記憶の歪曲、縮減、道具化といった危険を必然的にもたらす」（28）という問題を指摘する。しかし同時に、文化的記憶が特定の文化的実践とメディアに依存せざるをえないことを認めたうえで、「メディアの発展状況が移り変わるにつれて、記憶の構成もまた必然的に変化する」と述べる（33）。そのうえでいわゆるアーカイブの性質について、「アーカイブは、過去の記録文書が保管される場所であるばかりでなく、過去が構成され、生み出される場所でもある」（35）とし、ここで改めて、アーカイブという蓄積装置を芸術的造形の形式として使いこなしながら、新たな「想起の仕方」を発明する芸術家たちの存在に着目するのだ。アライダ・アスマンが取り上げるのは、主に1970年代〜80年代に注目を浴びた「記憶芸術 Gedachtnis-Kunst」（426）の担い手たち、アンゼルム・キーファー、ジークリット・ジグルドソン、クリスチャン・ボルタンスキーなど9人の現代美術家である。第二次世界大戦やホロコーストといった題材を取り上げながら、図書館や博物館などのアーカイブ装置をシミュレートし、これまで誰も注目することのなかった記憶の「廃棄物」─衣類や手紙、新聞や雑誌の切り抜き、家族写真など─をインスタレーションとして創作し、「別の過去」を再現する彼らの実践を紹介しながら、アライダ・アスマンは「今日、記憶

の危機を自らのテーマとして発見し、文化における想起と忘却のダイナミズムを具象化するための新たな形式に数々を見出しているのは、何よりも芸術なのだ」(36) とする。筆者はこの考えに強く同意する。そして、その芸術が浮き彫りにする「〈負の蓄積装置〉としての廃棄物は、棄却と忘却のエンブレムであるばかりでなく、潜在的記憶を表す新たなイメージでもある」ことに着眼するのである。

　国内の同様の研究において写真家・批評家の港千尋は、その名も『記憶　「創造」と「想起」の力』(1996) という書籍のなかで、記憶術の歴史や芸術的な創造活動を紐解きながら、記憶と想起の動的な性質とその可能性について言及した。例えば、彫刻家のジャコメッティが1946年に発表した3部からなるエッセイ「夢・スフィンクス桜・Tの死」に関する分析において、港は以下のように述べる。

> ジャコメッティは友人Tの死について「ラビラント」誌に書く約束をしていたので、彼が住んでいた同じアパートの隣の部屋で死んだTについて思い出そうとしているうちに、それと無関係のさまざまな記憶が出現し、それらの記憶に時間的な順序をつけることができなくなる。というのも異なる夢や記憶のあいだには、互いに無関係な両方を結びつけるような別の記憶が入り込んでくるからである。(90)

　ジャコメッティは、これからその話を書こうとしている中で想起された様々な記憶を一望するための方法について考えた結果、一つひとつの記憶を時系列に関連づけて——つまり、Aという出来事が起きたから次にBという出来事につながって……——といった記憶の線的なイメージを脱し、それらすべてを「平面上」に配置する方法を発明す

る。具体的には、「半径二メートルの線によって幾つかの区画に分かれた円盤」(93) であり、「それぞれの区画にはそれぞれの出来事の名前と日付と場所が書き込まれていて、円の縁のところにはそれぞれの区画に対して一枚の板が立って」(同) おり、「板の上にはそれぞれの区画に対応する物語がかかれてい」(同) る回転板だ。過去の記憶を自ら想起することで手繰り寄せる「回想」という行為を繰り返すうちに生み出されたこの「記憶の回転板」という概念図からわかることは、ジャコメッティにとっての記憶とは明らかに「過去のある一点に属する絶対不動の痕跡ではなく、どうやらそれを回想する時点で新たに再構成されるような性質のもの」(89) であることであろう。港はこういった芸術活動における豊富な事例をもとに記憶と想起の関係に新たな視点を当てることによって、想起を「現在」の地平から繰り返しながら常に「再構築としての記憶」(169) を生成し続ける創造的な運動と捉えたのだ。

　港はまた、アライダ・アスマンも取り上げたフランスの現代美術家クリスチャン・ボルタンスキーの活動にも注目し、彼がモチーフとする記憶の現場——博物館や鉄道の遺失物保管所——から拾い集めて来る名もなき個人の衣類等の痕跡が実はホロコーストの犠牲者のそれであることを知ったときの感覚を、「それらの遺失物の山は現代史をどこかで支えているはずの、われわれ自身の意識的・無意識的な失念を暗示している」(193) と表現する。港は、歴史的事象が不動不変であり、地層のように下にあるものほど古く地表に近いものほど新しいイメージを持つ歴史のことを〈垂直の歴史〉(189) と言う。また同時に、ハインリヒ・シュリーマンによって発掘されたトロイ (イリオス) の遺跡を例に出しながら、その歴史がヒッサリクの丘の下にだけ存在するの

ではなく、その出土品が世界各国で保存・研究されるなかで歴史的事実が常に浮動してゆく〈水平の歴史〉（同）の存在についても言及している。しかし、港に言わせれば歴史はそれだけではない。ここで先ほどのボルタンスキーを代表とする想起にまつわる文化的実践に改めて光があたる。港はこう語る。

> ボルタンスキーの作品は、現代史そのものが、垂直な歴史と水平な歴史によって固定化され窒息している状態を見事に照らし出している。彼はちょうど影絵芝居のように、歴史の中身でなく、歴史の輪郭を壁に投影する。炎の強さや距離によって、影は膨らんだり縮んだりする。ボルタンスキーが示しているのは、したがって垂直でも水平でもない、第三の歴史である。それを〈想起の歴史〉と呼ぼう。(193)

港の言う「炎の強さや距離によって、影は膨らんだり縮んだりする」というテクストは、まさしく、アライダ・アスマンの言う「機能的記憶」と「蓄積的記憶」の移動を縦横無尽に行う「想起と忘却のダイナミズム」に連動するであろう。また港はさらに、〈想起の歴史〉における「言葉」や「声」の存在に着目する。

> 想起の歴史が必要とするのは言葉だけである。（中略）歴史に垂直性や水平性しか認めない立場からすれば、想起の歴史は想像力の領域に属するものになるかもしれない。（中略）想起の歴史の究極の姿は、声による存在である。想起の歴史は、呼吸し、発話する生身の人間を離れては存在しえない。そしてまさにこの点において、想起の記憶は、ある重要な役割を担っている。それは呼吸し、発話する生身の人間にのみ依存する記

第2章　想起をめぐる議論　69

憶のあり方だ。（194 ※傍点ママ）

　ここでいう「言葉」や「声」とは、それらを意識的に掬い上げよう
とする文化的実践を伴わないと聞こえてこない想起のカケラだ。ホロ
コーストの現場を題材にした、フランスの映画監督 クロード・ランズ
マンの『ショア』（Lanzmann 1985）において紡がれる映像は、ナチによ
る絶滅収容所の存在を知る無名の人々の「語り＝証言」のみで再構成
される。そこには死体の映像は一切登場しない。9時間半にもわたる
映画で示されるのは、そのことを語るのがいかに困難であるかという
事実のみである。港はここで想起の歴史を以下のようにまとめている。

　呼吸し、発話する身体は、こうして想起の歴史へとゆっくり踏み出して
　ゆく。記憶が記憶される内容だけでなく、回想し想起する人間の身体に
　よって、その感覚と感情によって出来ていることを、これほど見事にと
　らえた映像は稀である。（中略）なぜならカメラは登場人物たちの"証言"
　だけでなく、彼らの想起の仕方を、つまり彼らがいかに記憶を生きよう
　としているかを、巧みにとらえているからだ。（港 1996, 196 ※傍点は引用
　者による）

　筆者が本書で提案するのは、まさしく本章第1節で表にして述べた、
一般的な想起イメージに留まらない「想起の仕方」を新たに発明する
ための文化的実践であり、とりわけ音楽に着目したそれなのだ。確か
に、2010年代以降の近年、国内においてもこのような「記憶芸術」の
可能性は、展覧会などを通じた実践とその理論化を図る様々な研究に
よって指し示されている（ex 香川 2012,2015; 服部他 2015 浜井他 2017）。

しかし、それらの多くは前述してきたような造形芸術、あるいは映画や写真などの映像芸術などの視覚表象に偏っており、音楽を代表とした聴覚文化に焦点をあわす研究は、小泉（2013）による研究の他はこれまでほとんど注目されてこなかったと言わざるをえない。筆者は小泉とは違って、自身がミュージシャンとしての実践者でもある点を踏まえ、みずからの音楽実践による「想起の仕方」の具体的なモデルを提示することを通じて、本節でレビューしてきた「想起の芸術」（アライダ・アスマンの言う「記憶芸術」、香川の言う「記憶アート」、また港が一部の実践について指し示す「アーカイバルアート」など）の理論化の流れに、本書を位置づけることとしたい。

注：
1　この点に関して小澤（2005）は、「周辺症状の成り立ちを解明するには、医学的説明に
　　よってではなく、認知症という病を生きる一人ひとりの生き方や生活史、あるいは現在
　　の暮らしぶりが透けて見えるような見方が必要になる。そこには誰にも譲れない一人
　　ひとりの固有の物語がある。ケアにはその物語を読み解く、というかかわりが求められ
　　る」と述べている。
2　例外として2010年10月24日、習志野市菊田公民館講堂にて開催された習志野市市民
　　企画講座「みんなで叩いて楽しんジャオ！」などがある。詳しくは野中（2011）を参照。
3　スロボダ（2005）は、このことを「音楽の調剤化」と呼んだ。
4　またホルブルックとシンドラーによれば、ノスタルジアを喚起するものとして、ポピュ
　　ラー音楽の存在に着目し、16歳から86歳の消費者108人を対象に、調査を実施した。
　　その結果、各自が青年期の終わり頃から成人期初期の頃に流行った曲を好むことが示
　　された。

参考文献：
・ Ansdell, Gary, 2002, Community Music Therapy & The Winds of Change, Voices
　（Website）
・ Appadurai, Arjun, 1996, Modernity At Large: Cultural Dimensions of Globalization,
　University of Minnesota Press.（＝門田健一訳, 2004,『さまよえる近代─グローバル化
　の文化研究』, 平凡社）
・ Assmann, Aleida, 2006, Erinnerungsräume: Formen und Wandlungen des kulturellen
　Gedächtnisses, C. H. Beck.（＝安川晴基訳, 2007,『想起の空間：文化的記憶の形態と変
　遷』, 水声社）
・ Assmann, Jan, 1992, Das kulturelle Gedächtnis: Schrift, Erinnerung und politische
　Identität in frühen Hochkulturen, C. H. Beck.
・ Batcho, Krystine, 1998, Personal Nostalgia, World View, Memory, and Emotionality,
　Department of Psychology 87（2）.
・ Ball, Philip, 2010, Music Instinct: How Music Works and Why We Can't Do without it,
　Oxford University Press.（＝夏目大訳, 2011,『音楽の科学─音楽の何に魅せられるの
　か？』, 河出書房新社）
・ Barrett, FS., Grimm, KJ., Robins, RW., Wildschut, T., Sedikides, C. & Janata, P., 2010,
　Music-evoked nostalgia: affect, memory, and personality. Emotion 10（3）.
・ Boym, Svetlana, 2001, The Future of Nostalgia, Basic Books.
・ Davis, Fred, 1979, Yearning for Yesterday: A Sociology of Nostalgia, The Free Press.（＝
　間場寿一・荻野美穂・細辻恵子訳, 1990,『ノスタルジアの社会学』, 世界思想社）
・ Holbrook, Morris B. & Schindler, Robert M., 1989, Some Exploratory Findings on the
　Development of Musical Tastes, Journal of Consumer Research 16（1）.
・ Holbrook, Morris B. & Schindler, Robert M., 1991, Echoes of the Dear Departed Past:

Some Work in Progress on Nostalgia, Advances in Consumer Research 18.
- 浜井祐三子編, 2017,『想起と忘却のかたち 記憶のメディア文化研究』三元社
- 服部浩之他編, 2015,『青森市所蔵作品展 歴史の構築は無名のものたちの記憶に捧げられる』青森公立大学国際芸術センター青森
- 日高勝之, 2014,『昭和ノスタルジアとは何か—記憶とラディカル・デモクラシーのメディア学』世界思想社
- 堀内圭子, 2007,「消費者のノスタルジア—研究の動向と今後の課題—」『成城文藝201』, 成城大学
- 石鍋仁美, 2006『トレンド記者が教える消費を読むツボ62』日経ビジネス人文庫
- Janata,P., Tomic, ST. & Rakowski, SK., 2007, Characterization of music-evoked autobiographical memories. Memory 15（8）.
- 甲斐賢治他編, 2015,『ミルフイユ07 想起の方則』せんだいメディアテーク
- 香川檀, 2012,『想起のかたち—記憶アートの歴史意識』水声社
- 片桐幹世, 2012,「音楽療法による認知症高齢者の長期記憶の想起に関する検討」『東京福祉大学・大学院紀要2-2』, 東京福祉大学
- 楠見孝 編, 2014,『なつかしさの心理学—思い出と感情』誠信書房
- 小泉恭子, 2013,『メモリースケープ：「あの頃」を呼び起こす音楽』みすず書房
- 三浦展, 2005,『団塊世代を総括する』牧野出版
- 三浦展, 2007,『団塊格差』文春新書
- 港千尋, 1996,『記憶「創造」と「想起」の力』講談社
- 宮入恭平, 2010,「団塊世代によるノスタルジアとしての音楽消費」『余暇学研究13』, 日本余暇学会
- 宮入恭平, 2011,「〈懐かしさ〉を売り物に（特集 音楽と記憶—懐かしさがよみがえる音楽）」『音楽文化の創造60』, 公益財団法人音楽文化創造
- 西村ひとみ, 2007,「認知症高齢者への音楽療法に関する展望—「思い出深い音楽」と自伝的記憶に関する比較研究を通して—」『近畿音楽療法学会誌6』, 近畿音楽療法学会
- 沼田里衣, 2010,「コミュニティ音楽療法における音楽の芸術的価値と社会的意味—アウトサイダー・アートに関する議論を手掛かりに」『日本音楽療法学会誌』10 日本音楽療法学会
- 野中寿美子, 2011,「歌いたい、話したい、懐かしい曲（特集 音楽と記憶—懐かしさがよみがえる音楽）」『音楽文化の創造60』, 公益財団法人音楽文化創造
- 「ORICON STYLE」ホームページ（最終アクセス：2018年5月3日）https://www.oricon.co.jp/news/38683/full/
- 小澤勲, 2005,『認知症とは何か』岩波新書
- 坂倉杏介, 2009,「音楽するコミュニティと「現れの空間」」『アートミーツケア』1, アートミーツケア学会
- 坂下正幸, 2008,「『なじみの音楽』が認知症高齢者に及ぼす改善効果—ナラティヴを考慮した介入について—」『立命館人間科学研究16』, 立命館大学人間科学研究所
- Sloboda, John A., 2005, Explorling the Musical Mind, OxfordUniversityPress

- Schulkind, MD., Hennis, LK. & Rubin, DC., 1999, Music, emotion, and autobiographical memory: they're playing your song, MEMORY & COGNITION 27 (6).
- Stige, Brynjulf, 2002, Culture-centered Music,TherapyBarcelona Publishers.（＝阪上正巳監訳, 井上勢津・岡崎香奈他訳, 2008,『文化中心音楽療法』, 音楽之友社）
- Stige, Brynjulf, Music Therapy and Community（＝井上勢津, 岡崎香奈訳, 2007,「音楽療法とコミュニティ」（講演記録）, 国立音楽大学音楽研究所音楽療法研究部門編,『音楽療法の現在』, 人間と歴史社）
- 鈴木隆史, 2014,「高齢者にとっての「なじみのある音楽」についての分析―祖父母との同居体験に着目して―」『福井県立大学論集第42』, 福井県立大学
- 竹内貞一, 2011,「音楽療法における記憶の役割―音楽回想法について（特集 音楽と記憶―懐かしさがよみがえる音楽）」『音楽文化の創造60』, 公益財団法人音楽文化創造
- 瀧川真也, 仲真紀子, 2011,「懐かしさ感情が自伝的記憶の想起に及ぼす影響：反応時間を指標として」『認知心理学研究9』, 日本認知心理学会
- 安川晴基, 2008,「「記憶」と「歴史」：集合的記憶論における一つのトポス」,『藝文研究94』, 慶應義塾大学藝文学会

第 **3** 章

アートプロジェクトにおける事例研究
――「コピーバンド・プレゼントバンド」
「歌と記憶のファクトリー」を通じて――

第1節 対象事例の位置づけと視点

　前章では、音楽と想起の関係にまつわる議論を、主に臨床心理学、文化社会学などの先行研究から整理してきた。そのなかで、人々に新たな「想起の仕方」をもたらす芸術の社会的意義を、主に造形芸術分野の先行実践から読み解きながら、音楽分野に同様の実践が少ない課題を指摘しつつ、音楽における想起に「創造性」という視点を与える必要性について検討してきた。本章では、このように前章までの議論で明らかになった課題を踏まえて、筆者自身が実践家として企画し、アクションリサーチとしてまとめた、二つのアートプロジェクト「コピーバンド・プレゼントバンド」と「歌と記憶のファクトリー」について報告する。

　この二つの事例を企画するにあたって筆者が重視した点は、プロジェクト参加者自身が音楽のもたらす想起という機能の可能性に気づき、他者との間にこれまでになかったコミュニケーションを生み出してゆく一連のプロセスをデザインすることだ。そのうえで、音楽を「作曲」「演奏」「聴取」するだけはなく「使いこなす」——自らの生活の捉え直しや他者との新たな関係性の構築のために、あえて戦略的に使うこと——という新たな概念を提示する。同様の目的を持った実践ながらもあえて二つの事例を取り上げた理由は、異なるコミュニティと方法論で展開される事例を同時に取り上げることで、実践のバリエーションを示し、分析に厚みを持たせるためだ。

なお、本章の狙いは、前章までの議論をもとにあくまで「モデル実験」としてのアートプロジェクトを企画し、そこに理論的な視座を与えることにある。よって本章で得られた知見と課題を引き継ぎながら、より日常的に行われる音楽と想起の実践の可能性を、続く次章においてさらに精緻に考察していきたい。ではまず事例の概要から入ろう。

（第2節）「コピーバンド・プレゼントバンド」

　本プロジェクト「コピーバンド・プレゼントバンド（以下、「CBPB」と略記)」は、2012年9月26日（水）—2013年3月6日（水）の期間、高知県四万十市立西土佐小学校の放課後子ども教室に通う小学4年〜6年生児童約60名を対象に開催された音楽ワークショップである。「トヨタ・子どもとアーティストの出会い」事業[1]の一環として開催され、筆者はアーティスト（音楽家）として招かれ、企画・演出を担った。

②-1　開催の背景

　西土佐小学校は、「CBPB」が開催された2012年度に、周辺地域6校

が統廃合されてできた新設の小学校だ。そのため遠方から通学する子どもたちも多く、放課後の交流時間が少なくなってしまうといった課題があった。また出身校別で多数派、少数派が生まれるなどの課題も抱えていた。そのため、開催の背景には、子どもたちに対するアート体験の機会づくりとともに、「子どもたちに旧学校の垣根を越えた交流をさせたい」という教員の切実な思いが存在した。

　また、本プロジェクトの事務局・コーディネーターを担う「はれんちしまんとプロジェクト」の濱田竜也からは「学校内の取り組みに閉じることなく、地域の大人たちも関われるような機会を生み出したい」という地域コミュニティに根ざした狙いも提案された。

　これら二つの背景をうけ、まずは2012年5月23日（水）、24日（木）の2日間、濱田の案内のもと、西土佐エリアの視察、教員との打ち合わせを行った。その際、地域住民がこのワークショップに積極的に関わってもらえる可能性を探っていたところ、高知新聞の以下の記事を発見した。

　四万十市西土佐地域で、若者を中心にバンドブームが起きている。人口約3千人の地域に、小学生から社会人までの多彩な13組のバンドが結成されており、中でも元気なのが、人気アニメの影響で音楽を始めた10代の女子バンド。大人の支援で練習環境も整っており、放課後や休日、ドラムやベースの音を山里に響かせている。
　休日の午後、同市西土佐用井の西土佐ふれあいホールから、人気アニメ「けいおん！」の曲が響く。ステージで練習するのは、西土佐小学校6年の上戸星空（あかり）さん（ギター）ら6人のバンド「七色トライアングル」だ。（中略）

この動きを後押ししているのが、かつてバンド活動をしていた地域の40代、50代。練習場や機材の確保、ライブの企画など、若者を支援する。[2]

　このような、当該地域で既に存在する音楽を介したコミュニティを活用することで、濱田が語った狙いを踏まえることができるし、また教員たちが語った背景においても、児童の楽器経験者を軸に、児童同士の新たな関係性を編みなおすことができるのではないだろうか。そのように考え、スクールバスを待つまでの放課後学習の時間に集まる児童を対象にビッグバンドを結成。筆者は、2012年10月9日（火）〜11日（木）、11月6日（火）〜8日（木）、12月4日（火）〜6日（木）、2013年2月12日（火）〜14日（木）、3月5日（火）〜6日（水）に現地滞在し、一連の企画演出を担った。その最終発表会として、2013年3月6日（水）15時半〜16時半、校舎裏手にある西土佐ふれあいセンターでコンサートイベントを開催する運びとなった。

②-2　進行と特徴

　「CBPB」では「児童同士」また「児童と地域の大人（家族、学校周辺の住民）」において立場を超えた新たな関係性、語りの場が生成されることをとりわけ重視した。そのために作曲や演奏における創造性にあえてこだわらず、まず多数の児童が参加し協働できるシンプルな仕掛けとしてビッグバンドを結成した。さらに世代間を超えてコミュニケーションできるように既存のポピュラー音楽のカバーをするという手法を採用した。いわゆる「コピーバンド」である。ミュージシャンの

中には、このコピーバンドという実践の創造性に対して疑問を持つ者も多いが、第1章でも示したように筆者がこだわったのは、その「聴取」や「選曲」におけるコミュニケーションプロセスを創造的に構築することである。

まずはじめに、児童たちによる家庭内インタビューを実施した（写真2）。選曲のプロセスに家族が関わることで、「子どもの学校行事という関心」から、「親である自分自身も含めた関心」へと切り替わり、家族が少しずつワークショップへの参加意識を高めていくことを企図した。なお、児童たちに配布したアンケート用紙には、以下のような質問項目を記した。

・質問1「じぶんたちと同じ小学校高学年くらいによく聴いていた（思い出に残っている）歌謡曲・ヒットソングはなに？ 国内外問わず一番印象に残っている1曲だけをおしえてください。」
・質問2「なぜその曲が好きだった？ その曲にまつわるエピソードをできるだけ詳しく教えてください。」

その結果、27名の児童から用紙が回収され、「表3」のような内容が集められた。なお、資料の個人名はプライバシーを配慮し、匿名表記とする。

これらインタビュー結果（表3）をもとに、楽曲に関するYouTube映像を鑑賞しながら、楽曲に関する率直な印象や、またアンケートには書ききれなかったが家族から出てきた思い出について語り合った（写真3）。

また、学校近隣でバンド経験者をリサーチし、かつてX JAPANの

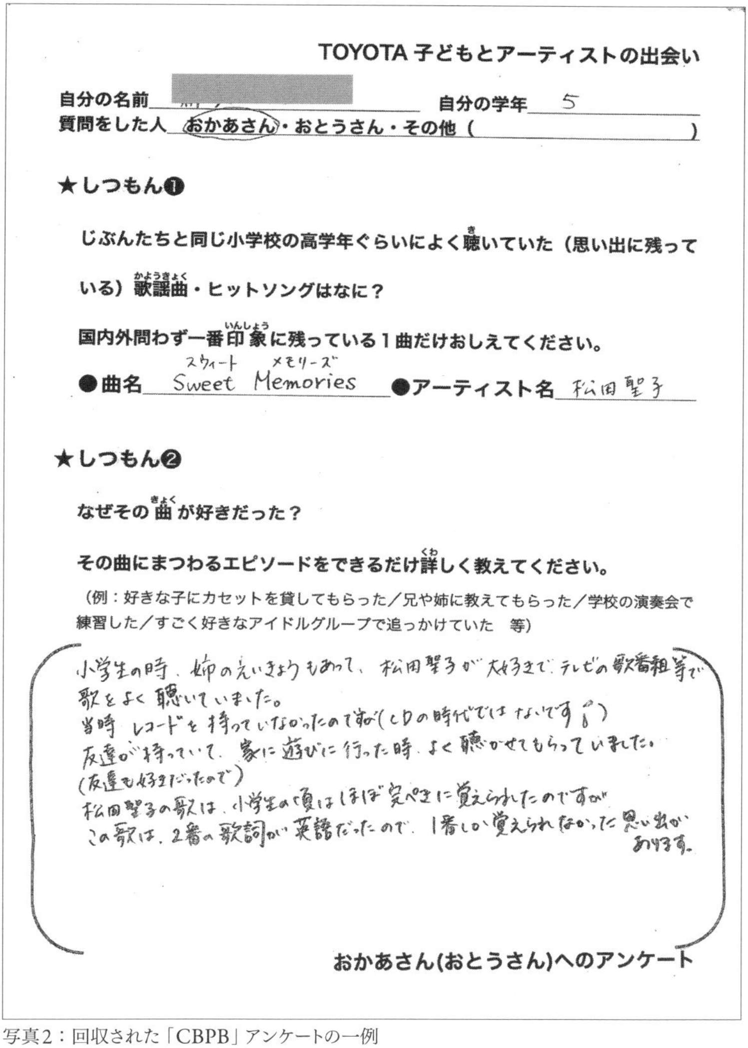

TOYOTA 子どもとアーティストの出会い

自分の名前 [redacted]　自分の学年 5

質問をした人 おかあさん・おとうさん・その他（　　　　　）

★しつもん❶

じぶんたちと同じ小学校の高学年ぐらいによく聴いていた（思い出に残っている）歌謡曲・ヒットソングはなに？

国内外問わず一番印象に残っている１曲だけおしえてください。

●曲名 Sweet Memories（スウィート メモリーズ）　●アーティスト名 松田聖子

★しつもん❷

なぜその曲が好きだった？

その曲にまつわるエピソードをできるだけ詳しく教えてください。

（例：好きな子にカセットを貸してもらった／兄や姉に教えてもらった／学校の演奏会で練習した／すごく好きなアイドルグループで追っかけていた　等）

小学生の時、姉のえいきょうもあって、松田聖子が大好きで、テレビの歌番組等で
歌をよく聴いていました。
当時 レコードを持っていなかったのですが（CDの時代ではないです♪）
友達が持っていて、家に遊びに行った時、よく聴かせてもらっていました。
（友達も好きだったので）
松田聖子の歌は、小学生の頃はほぼ完ぺきに覚えられたのですが
この歌は、2番の歌詞が英語だったので、1番しか覚えられなかった思い出があります。

おかあさん（おとうさん）へのアンケート

写真2：回収された「CBPB」アンケートの一例

コピーバンドでドラマーとして活躍し、現在は食料品店を営みながら、地域の子どもたちへの楽器指導、および子どもたちとのバンド「七色トライアングル」を結成するカズさん（通称）と出会う。ワークショップの趣旨や楽曲リストを共有し、これまでのバンド体験のエピソードなどをヒアリングするプロセスで、定期的に演奏指導を担う重要なスタッフとしての参加が決定した（写真4）。

　その後、既にカズさんが以前から指導にあたっている児童数名をパートリーダーとして立て、児童同士による教え合いを進めた。とりわけギターとベースのパートリーダーを務めた女子児童2名の役割は重要であった。彼女たちは廃校した小学校のなかでも最も少数校であった旧・口屋内（くちやない）小学校出身であり、ワークショップ開始当初は、「自分たちは楽器ができる」というプライドがありつつも同時に（目立つことによる）照れくささが強く窺えたが、彼女たちの才能に憧れた他の児童たちの演奏を指導するにあたって、徐々に堂々とリーダーシップを発揮するようになっていった。このようなプロセスを踏み、児童たちの人気投票、楽曲の難易度などを鑑みて、『M』（プリンセスプリンセス 1988）と、『そばかす』（JUDY AND MARY 1996）の2曲を選曲した。その後、カズさんを中心に簡易アレンジを施し、指導にあたった。しかし実施上の課題がなかったわけではない。筆者の進行の不手際や、刻一刻と変わる現場の状況の変化（例えばインフルエンザ流行のため休校になり、実施予定が変更するなど）もあって、とりわけ選曲においては全児童が満足いく結果を出すことは叶わなかった。しかしながら、男子児童に人気のあった『愛をとりもどせ!!』（クリスタルキング 1984）や『Runner』（爆風スランプ 1988）の選曲を採用できなかったことによって残念がっていた児童も、女子児童に交じり『M』のボーカルを担

写真3（上）：アンケートにて選曲された楽曲の試聴と意見交換を行う児童と筆者（手前）

写真4（中）：児童のバンド練習とその指導を行うカズさん（右端）

写真5（下）：「西土佐小学校スクールロックバンドショー‼」開催の様子

	自分の学年	質問をした人	質問1（曲名）
Aさん	5年	おかあさん	M
B君	5年	おとうさん	ギミーギミーギミー
Cさん	5年	おとうさん	嵐を起こして♪♪って歌
（未記入）	（未記入）	（未記入）	分りません。（忘れました。
Dさん	4年	おとうさん	北斗の拳のテーマ曲
（未記入）	（未記入）	姉	轍
Eさん	5年	おとうさん	CATS EYE
Fさん	4年	おねえちゃん	そばかす
Gさん	5年	おかあさんのおねえさん	ファイト
H君	5年	おかあさん	スニーカーブルース
I君	4年	おかあさん	M
Jさん	5年	おかあさん	Sweet Memories（スウィート メモリーズ）
K君	5年	おかあさん	春なのに
Lさん	6年	おとうさん	Mrブルー〜私の地球〜
Mさん	6年	おかあさん	いつかのメリークリスマス
N君	4年	おかあさん	ひなげしの花
Oさん	5年	おかあさん	神田川
Pさん	4年	おとうさん	ランナー
Qさん	4年	おかあさん	セーラー服と機関銃
R君	6年	おとうさん	女の操（おんなのみさお）
S君	4年	おかあさん	Star Warsのテーマ
Tさん	5年	おかあさん	ガラスの十代
Uさん	6年	（未記入）	北ウィング
Vさん	5年	（未記入）	涙のリクエスト
（未記入）	（未記入）	（未記入）	スリラー
（未記入）	4年	おかあさん	万里の河
Wさん	6年	おかあさん	ハイティーンブギ
Xさん		姉（A）	ヒャダインの上上友情

当するなかで徐々に参加意識を高め、最後には明るい表情が見受けられるようになった。あわせて、楽器をしたくない児童の関心を司会、ダンス、舞台美術、照明、音響、PR、撮影などのチームに分け、各自にパートリーダーを置き、計画・実施を進めるような工夫も施した。この段階から児童の母親たち数名も交えた創作ダンスチームが自然発生的に結成され、他のチームの手伝いにも臨機応変に応じてくれた。そして、PRチームが事前に制作したチラシの貼り出し、口コミをもとに、児童の家族、地域のバンドマン、教員、教育委員会関係者など約100名が集まり、2013年3月6日（水）に西土佐ふれあいホールにて「西土佐小学校　スクールロックバンドショー‼」が開催された（写真5）。コンサートでは、1980年代の歌番組「ザ・ベストテン」を参考に、家族からのアンケート

表3：アンケート結果。誤字脱字も含めて原則そのまま掲載

質問1（アーティスト名）	質問2（理由）
プリンセスプリンセス	お姉ちゃんに教えてもらったから
アバ	6才年上の姉がきいていた曲ではじめて好きになった洋楽です。
工藤静香	TV（テレビ）でみた。
中山美穂	TV（テレビ）でみた。
（未記入）	大好きなアニメ、北斗の拳のテーマ曲「ユアーショック」という歌詞の所が大好きで、よく歌っていた。今でも好きな歌。
コブクロ	コブクロのCDを聴いていて、轍の歌詞がとても良かったから。
杏里	TVアニメを見ていた。（主題歌）
JUDYANDMARY	好きなアニメのOP曲だったから。
森高千里	・バレーボールが好きで、テレビを見ていた時に、テーマソングだったから、よくきいていた。 ・一番、最初に、買ったCDだったから。
近藤真彦	小学生の頃からテレビでいつも見ていてマッチのファンでした。 母によくレコードを買ってもらっていました。
プリンセスプリンセス	姉に教えてもらった
松田聖子	小学生の時、姉のえいきょうもあって、松田聖子が大好きでテレビの歌番組等で歌をよく聴いていました。当時レコードを持っていなかったのですが（CDの時代ではないです）友達が持っていて、家に遊びに行った時、よく聴かせてもらっていました。（友達も好きだったので）松田聖子の歌は、小学生の頃はほぼ完ぺきに覚えられたのですがこの歌は2番の歌詞が英語だったので、1番しか覚えられなかった思い出があります。
柏原芳恵	卒業式で歌って、友達とみんなで泣いた思い出があります
八神純子	NHKのテレビ番組のテーマ曲でそれをよく見ていたから。
B'z	好きなアーティストだったから。
アグネスちゃん（ママ）	・ひなげしの花の物まねをしてあそんでいたから。 ・アグネスちゃん（ママ）（17才くらい）がかわいかったから。
かぐや姫	ニューミュージックのさきがけのような曲です。 勉強（宿題）をする時や寝る時などラジオをかけるとよく流れてました。
ばく風スランプ	走るのがとくいで好きになった生まれて初めてかったCDが（ランナー）だった
薬師丸ひろこ	歌詞が深く、メロディが美しかった。 5年生の時、女子生徒のリクエストで学校の演奏会の曲にし、先生も気に入っていた。
ピンカラ兄弟 （きょうだい）	小学校5～6年の頃かどうかは忘れていますが、しいて上げれば歌いやすかったから…かな？ ヒロミ、ヒデキ、五郎とかフィンガー5の頃でしょうか。歌は好きでいろいろ（教科書の歌も）と歌っていたと思いますが最近ボケて来たのか、よく忘れているかと言うか思い出せません 月光仮面とかひょうたん島とかも歌っていた気がしますがもっと低学年でしょう（再放送かも）
ジョン・ウィリアムス	小学校高学年の頃と今思い出すと、現在に比べて毎日のようにどこかのチャンネルで歌番組が放送されていてそれをノルマのように見ていたはずなのに印象に残った曲がどうか思い返すと？？？…流行歌と言われるものは思い浮かびませんでした。なのにナゼか思い出されたのが映画スターウォーズのあの有名なテーマ曲です。普段クラシックなど聴かないのに、あの曲を初めて耳にした時は衝撃的でした。当時は今と違い音源といえばレコード化カセットテープ。その頃ラジオをよく聴いていたので、映画音楽のプログラムや、ジョン・ウィリアムスの特集はよくチェックして聴いていました。その頃のヒットした映画ETやスーパーマンなどもジョン・ウィリアムが手掛けた作品だったと思います。今の子どもたちが分るとすれば、インディジョーンズやハリーポッターシリーズなら、分かるでしょう。一度聴けば忘れられないキャッチーなメロディとインパクト、壮大なスケールを感じさせるフレーズはどんな流行歌より老若男女の心に映画のワンシーンを思い出させる力強さがあると思います。
光ゲンジ	仲の良い友達が大好きでよくその話をしていた。
中森あきな	・当時人気があったから ・声が低く、歌いやすかったから
チェッカーズ	ボーカルのかみ方（ママ）とファッションがよかったから。
マイケル・ジャクソン	忘れた…
チャゲ＆アスカ	お姉ちゃんに教わった
近藤真彦	友達と初めて一緒に映画を観に行った時に聴いた曲
ヒャダイン	アニソン、ジャニーズざっくり言って、その時はやっていた曲 おもしろいアニメのオープニングでかかっていて、みんながおぼえて行き、男女かまわず、大ねっしょう!!

結果をランキング映像として上映し、その流れで2曲の生演奏を実施。ならびにカズさんと、3名の母親と筆者による「大人バンド」の打楽器演奏も実施した。これらの演出を通じて観客にワークショップの意図を感覚的に伝えながら、記憶を喚起させ、子どもたちが大人たちの固有の思い出を、音楽を通じてプレゼントする機会を創出したのだ。

　開催終了後に主催元であるトヨタ自動車株式会社社会貢献推進部によって行われた関係者インタビューの資料では、運営に関わった保護者（匿名）から、「今回の活動は大人にとっても初めての体験ばかりで、子どもと同じ目線で物事に取り組むことができた。時には、一緒に戸惑い・悩んだ事もあるが、その分、子どもたちにとって、先生でも・親でも・指導員でもなく、もっと身近な存在として寄り添えた気がする」[3]という答えを得た。この「子どもと同じ目線で」あるいは「先生でも・親でも・指導員でもなく、もっと身近な存在として寄り添えた」という発言の背景には、「じぶんたちと同じ小学校高学年くらいによく聴いていた歌謡曲・ヒットソングはなに？」という質問から始まったプロジェクトとして、大人たちがもともと知っていた既存の楽曲による想起ならではの効果の一面が現れていると推測できよう。

第3節 「歌と記憶のファクトリー」

　本プロジェクト「歌と記憶のファクトリー」は、2013年8月19日（月）─2013年10月4日（金）の期間、北海道札幌市立資生館小学校の全児童を対象に開催された音楽ワークショップである。北海道内の大学教員や市内小学校教職員などによって構成される「おとどけアート実行委員会」の主催、財団法人文化・芸術による福武地域振興財団の助成により開催された。コーディネーターは一般社団法人AISプランニング（AISはアーティストインスクールの略）が担い、筆者は「CBPB」同様、アーティスト（音楽家）として招かれ、企画・演出を担った。

③-1　開催の背景

　西土佐小学校での状況とは違い、本プロジェクトの背景にはアーティストが「転校生」として扱われるというユニークな演出が存在する。運営を手掛けるAISプランニングによれば「講師と聴講生、観客という立場を置かず、こどもたちの過ごす学校の中に、「短期間通う不思議なおとな」という位置づけで、アーティストを学校に派遣することを目的」にし、「こどもたちの日常時間に寄り添いながら、イベントでは作り出せない時間のリズムで「アート」を紹介し、相互理解をすすめるためにゆったりとデザイン」することを企図したものである[4]。このよ

うな背景を踏まえて、児童との交流時間は、授業の合間の休憩時間や給食時間など学校の通常スケジュールの隙間を使ってつくられ、そのうえで、約30名のコアメンバーが放課後時間に集められるよう工夫をした。

　また、資生館小学校は児童数減で小規模校となっていた札幌市中央区大通地区の4校を統合・新設する形で2004年に開校した学校である。校内には校舎の他にミニ児童館、保育所、子育て支援総合センターが併設され、国内でも珍しい複合型の教育環境を形成している。筆者が訪れた2013年は開校10年を迎える記念行事が多数行われ、本プロジェクトの開催もそれに準じた背景も持っていた。したがって、子どもたちがアートを楽しむのみならず、学校全体の様々な職員が何かしらの形で取り組みに関わる仕組みづくりを企図し、「CBPB」で培った方法論の応用を行った。

③-2　進行と特徴

　まず筆者に与えられたスタジオ（校内の特別活動室）を「歌と記憶のファクトリー」と名づけ、8月19日（月）〜8月23日（金）の最初の滞在では、そこでの楽器演奏体験や様々な曲の試聴、カラオケによる歌唱などを行い、児童に自由に音楽に触れる経験をしてもらった後に、次回滞在の9月17日（火）〜9月27日（金）までに、全児童にメンバー募集チラシ（写真6）を配布した。

　以後、9月の滞在では約30名のメンバーが集まり、主に教員を対象にしたアンケート配布、および公開インタビューを実行した。スタジ

「歌と記憶のファクトリー」メンバー募集!!

資生館小学校のみなさん、こんにちは。アサダワタルです。
みんなと一緒に楽器をひいたり、お話したり、給食をたべたりした、
あの大阪の年齢不詳のミュージシャンです。
ちゃんと覚えてくれているかな？

さて、このたび僕は、みんなの大好きな先生や興味のある職員さん、
そしてお父さんやお母さんたちに、「子どもの頃に聴いていた大好きな歌」や
「どうしても忘れられない思い出の歌」について
学校やご家庭でインタビューをしようと思っています。

そして集まった思い出の歌を聞いたり、歌ってみたり、演奏したりしながら、
2階の特別活動室をステキでめちゃくちゃ楽しい音楽スタジオに変身させちゃおうと思っています。

名付けて「歌と記憶のファクトリー」！！！

そこで、メンバーを募集します！
僕や僕の仲間たちと一緒に、みんなで大人にインタビューしたり、
歌ったり、スタジオを飾り付けたり、
レコーディングしたり、一緒に音楽で遊びませんか？

楽器の経験がなくても、歌に自信がなくても、恥ずかしがりやさんでも、「やってみたい！」
という気持ちさえあれば誰でも大歓迎です。みんな、待ってるよ！！

メンバーになりたい人はこちら

▼

———————————　きりとり　———————————

「歌と記憶のファクトリー」メンバーに参加します。

　　　年　　　組　　　名前

写真6：「歌と記憶のファクトリー」メンバー募集チラシ

オにはソファーや植物などが準備され、インタビューの様子を児童自らビデオカメラで撮影。あたかも往年の歌番組のような体裁を採用することで、作曲や演奏に頼らない様々な遊びを埋め込む工夫をした（写真7）。アンケート、および公開インタビューでは「CBPB」の質問項目とほぼ同様の質問に「子どもたちにどのように音楽に接してほしいですか？」を付け加えた。その意図は、これらに答える人たちが私的な音楽記憶を通過することで、「先生」や「親」という立場を超えてひとりの「人生の先輩」として、児童たちに音楽と共にある生活の楽しさを伝えてもらうことにあった。

　またアンケートやインタビューで集められた楽曲（表4）は特別に導入した通信カラオケ機器によって登録され、児童によって練習・録音された。と同時に歌うことが恥ずかしい、得意ではない児童たちは、その曲にまつわる様々な資料（アルバムジャケット、歌詞、当時の流行、ニュースなどの新聞記事）を調査・制作・収集し（写真8）、スタジオの壁面に展示し、楽曲を軸にした「想起の空間」の演出を日々重ねていった。10月1日（火）〜10月4日（金）の滞在では、これまで撮影されたインタビュー映像や録音されたカラオケ歌唱の音声を筆者が約20分の映像に再編集し、10月4日（金）に教職員を集めた最終発表会が行われた（写真9）。

　本プロジェクトでは、とりわけインタビューコーナーに関して、児童たちの様々な変化を垣間みることができた。例えば自分が司会を担当したかった大好きな先生の番にあたらず残念がっていた男子児童も、ビデオ撮影において自らの役割を潑溂と全うし、本来台本になかった付け足しの質問を即興で行った女子児童の動きなども見られた。しかし、実施上の課題も多く散見された。日々多忙な教職員に対してイン

写真7（上）：児童たちによる教職員への公開インタビューとカラオケ歌唱

写真8（中）：選曲された曲を素材とした展示制作の様子

写真9（下）：最終発表会の様子

第3章　アートプロジェクトにおける事例研究　　91

表4：アンケートと公開インタビュー（灰色部）の結果。インタビュー内容はできるだけそのまま掲載

	質問1（曲名）	質問1（アーティスト名）	質問2（理由とエピソード）
A 先生（1年1組）	ミラクルガール	永井真理子	YAWARAの主題歌だったから好きだった
B 先生（1年2組）	J'S THEME	春畑道哉（TUBE）	高学年の時、Jリーグが開幕しました。当時はものすごいサッカー人気で大流行していました。サッカー少年団に入団していたこともあり、Jリーグに関する↗
C 先生（1年3組）	UFO	ピンクレディー	小学校のときによく聴いていた…、よく聴いていたという意味では、ピンクレディーって知ってますか？ ピンクレディーの「UFO」（ジェスチャー付きで）って曲、あれよく聴いてましたね。テレビやラジオにどんどん出てきてましたね。なぜ好きになったって言われると、まぁそんなすごく好きってことはないんですけどやっぱりこの「UFO」（ジェスチャー付きで）っていう動きがね、なかなか踊りやすい
C 先生（1年3組）	雨やどり	さだまさし	妹の高校の学園祭に家族みんなで行き、父母、兄、妹と楽しく過ごした後、帰ろうとしたらものすごい土砂降りの雨。仕方なく一台のタクシーをひらいぎゅう
D 先生（3年1組）	ランナー	爆風スランプ	運動会のBGMとして、「走る〜♪走る〜♪」の歌詞どおりすごい走らされた記憶が・・・
D 先生（3年1組）	踊るポンポコリン	BBクイーンズ	運動会に表現運動のBGMとして踊った
E 先生（3年3組）	LA LA LA LOVESONG	久保田利伸 with ナオミ・キャンベル	親が車の中でよく聴いていたから好きになった。
F 先生（4年2組）	HOT LIMIT	TM.Revolution	なんかかっこいいと思っていたから！
G 先生（4年3組）	TOMORROW	岡本真夜	良い曲だと思ってよく歌ってました。教科書にも載っていたので。
H 先生（4年4組）	モニカ	吉川晃司	ザ・ベストテンで片手で水車転してたから。
I 先生（5年1組）	ランナー	爆風スランプ	小学生の運動会（短距離走）で必ず流れていて、この曲を聴くとドキドキして
J 先生（6年2組）	それが大事	大事MANブラザーズバンド	学校の集会で、学年みんなで歌った。
K 先生（6年3組）	STEADY	SPEED	小学校のときに聴いていたのは、SPEEDっていう女の子の4人グループの曲です。ダンスが好きだったので、そのダンスをよく真似していたことが好きになったことと、あとはボーカルの人の歌声が独特で好きでした。放課後遊ぶとき
L 先生（教務）	Gimmie! Gimmie! Gimmie!	Abba	小学校のときによく聴いていたのは、ABBAというグループの曲で「ギミーギミーギミー」というのをよく聴いていました。その曲が好きなのは、すごくテンポが良くって英語なので意味はよくわからなかったんですけど、リズムがすごく良かったのが好きだなぁっていう理由なんですけど、実は先生が一番初めに聴いたレコードがABBAのレコードで、友達が持っていたんですけどそれを「いい曲
M 先生（事務室）	迷信	スティービー・ワンダー	好きだった曲？ ちょうど小学校4年生くらいのときに20時に寝てたの。それで寝られないからラジオ聴いていたの。いまみたいにこんな小ちゃいのじゃなくてこんなでっかいサイズの。そしたら、その中からすっごい曲が聞こえてきてね。それからすっかり音楽が好きになっちゃったんです。一番最初に衝撃を受けたのはスティービー・ワンダーの「迷信」って曲で、それはね、すごかったですね。テレビでは桜田淳子さんとか山口百恵さんとかそんな曲が流れている中で…。スピーディーでなくて、スティービーなんだな。（iPadを開きながら）どうい
N 先生（事務室）	妹	かぐや姫	小学校のときによく聴いていた曲はかぐや姫っていうグループの「妹よ」っていうすごく渋い曲です。いっつもお父さんお母さんの車に乗せてもらっていたときにこのカセットの曲が流れていていつも聴いていました。この歌はお兄ちゃん
Oさんのお母さん	LA LA LA LOVESONG	久保田利伸 with ナオミ・キャンベル	結婚式に使ったから思い出あり
Pさんのお母さん	ガラスの十代	光GENJI	この曲を歌っているのを見て、ローラースケートが欲しくなって、誕生日に親にプレゼントしてもらった。…でも思ったより難しくて上手く乗れなかった…。
Qさんのお母さん	会いたい	沢田知可子	愛する者が突然の交通事故にあい、「約束」が果せなくなる物語。テレビでそ
Rさんのお母さん	ペッパー警部	ピンクレディー	未記入
Sさんのお父さん	贈る言葉	海援隊	歌詞が小学生の自分でも理解でき良かったから
T君のお母さん	マリオネット	BOOWY	中学校に入学したその頃、部活動紹介の集会があり、吹奏楽部の先輩が演奏してくれました。その姿は少し大人っぽくとても素敵でした。それを見て中学
Uさんのお父さん	LET IT BE	ビートルズ	映画の主題歌でCMを観た時にそれを聴いて一目惚れ。初めてレコードを買ったのを覚えています。英語がわからなくても小学生に伝わる意味がある。
V君のお母さん	翼をください	赤い鳥	小学校の時に音楽の時間や演奏会で合唱しました。映画も観ました。看護師

	質問3（子どもたちに音楽にどのように接してほしいか）
	音楽で笑顔と元気を与えたい
ものはよくチェックしていて、特にこの曲はかっこよくて聴いてはプロになる自分を思い描いてました。	歌うだけでなく、リズムに乗って聴くもよし、歌詞の意味を考えるもよし、踊るもよし、自分を楽しませたり、勇気づけたりするアイテムとして上手に付き合ってほしいな。
ね、そういうのが非常にリズミカルでよく観てましたね。高校生のときに高校で学校祭ってのがあるんですね。そのときにクラスで思わず盛り上がっちゃって、みんなでピンクレディーの歌をメドレーで歌った思い出がありますね。そのときに踊りすぎましたけど。とても楽しかったですね。	いつも音楽を聴いて、その音楽が伝えてくれる気持ちとか雰囲気とか味わいとか、そういうのをいつも身近に感じていてくれたらいいなぁって思いますね。
ぎゅう詰めの車内にラジオから「雨やどり」の曲が流れてきました。	生活の中に生きている音楽があるといいなと思います。
	気軽に気楽に。楽器をうまく弾けなくても楽しければOK！子どもたちに「音を楽しんで」ほしい
	とにかく楽しんでほしい！歌に限らず楽器やリズム遊びも！！
	自分で聴いたり歌ったり演奏したりして「楽しい！」と感じられる音楽に出会ってほしいです！
	とにかく楽しんでもらいたいです。
	嫌いにならないこと。すると、いつか好きになるかも。
スタートラインに立つのを思い出すからです。	音を楽しむと書いて「音楽！」だから、まずは前向きの取り組むのが大切！
	色々な音楽に触れてほしい！そしてそれぞれの良さを感じられるようになって欲しい！
に、家でCDをかけて友達同士で踊ったり、あとは休み時間に学校で歌の真似をしたりして遊んでました。	音楽は絶対楽しいから、ときに恥ずかしくなったり、なんか歌いたくないなってときもあるかもしれないけど、先生は楽しんだもの勝ちだと思っているから、みんなで楽しんで、音楽の力を広めていってほしいなって思います。
だから聴いたら!?」って貸してくれて、それで初めて自分でかけたレコードだったので、すごく思い出がある曲です。	色んな曲を聴いてほしいなと思うんですけども。これから色んなことがあると思うんです。楽しいことや、ときには悲しいこともあると思うんですけど、そういうときに自分の心に沁みるような曲をたくさん聴いてもらって、なんかそれが後になってその曲を聴くと、そのときのことが思い出せると思うので、好きな曲をいろいろ見つけて聴いてほしいな、たくさん音楽に触れてほしいなと思います。
う曲かと言うのを今日はね、持って来たので…ちょっと待ってね。（曲が流れ出す）。衝撃を受けました。もうびっくりしたんだよ。日本にこんな曲が、こんなリズムが流れるなんて。とにかくね、布団の中で隠れて聴いていたから寝られなくなっちゃったのと、その後少し大きくなってからバンドなんかでもやったことありますね。	僕にとって音楽はなくてはならない存在なので、僕は常に聴いているし、たっくさん、いろんな曲を聴いてほしんだな。聴かず嫌い。食わず嫌いって言葉があるでしょ。そうじゃなくて、どんな音楽でもどれが自分にピタッと気持ちよくなったり、いいなって思ったりするかはわからないから、たくさんの音楽を聴いてほしいと思います。
がお嫁に行く妹のことを思って歌った歌なんですけど、私にもお兄ちゃんがいるので「自分もいつかこういう風にお嫁に行くのかなぁ」なんて小さいときに考えていました。	苦しいことや、辛いことがあっても、歌を歌えるくらい悠々と生きて欲しいです。あと、歌を一緒にうたえる仲間を沢山つくってほしいです。
	未記入
	日常で自然と音楽に触れ合い、好きになってもらえたらと思います。
の曲がつくられたいきさつを聞いて感動しました。	未記入
	未記入
	その曲を聴いたら、今の練習している曲を思い出す様頑張ってもらいたい。
生活にワクワクしたのを覚えています。	未記入
	未記入
になろうとおもったきっかけだったりします。	未記入

タビューを行う日程調整が難航し、本来であれば開校10年を踏まえて、併設されるミニ児童館、保育所、子育て支援総合センターの職員に対するインタビューも実施し、より多様な大人層と児童の語り場を創出させたかったが、それは叶わなかった。しかし、小学校教職員においては多くの担任教員や教務室、事務室の職員の協力を得た。そのことで、子どもたちは自由な表現力と好奇心を武器に、教職員たちとの日常的なコミュニケーションだけでは決して知ることのできなかった（先生もかつては子どもだったわけだ）面に立ち会い、音楽と想起が密接に絡まり合う新たな実践を紡ぎ出していたように思える。

第4節 「能動的聴取」による コミュニケーション

　小泉恭子は、好みの音楽をテーマに近畿圏の高校生96名への聞き取りを中心とした研究（小泉2007）を通じて、個人的な嗜好の「パーソナル・ミュージック」、流行を超えて歌い継がれる「スタンダード」、同世代に共通する「コモン・ミュージック」という三層構造が存在することを提示した。「CBPB」と「歌と記憶のファクトリー」は、まさに小泉の言う「コモン・ミュージック」に着目した想起体験と言える

だろう。つまり子どもたちは、演奏や編曲といった行為の前に、親や教師たちの「コモン・ミュージック」に触れるわけだ。しかし、子どもたちにとってはもちろん知らない曲であり、大人たちのかつての聴取体験（その楽曲をどのように聴いていたか）に触れ、そこから関係する自伝的記憶を受け取ったとしても、それをそのままストレートに楽曲の印象として受容するわけではない。大人たちの想起の聞き手としてインタビューを行った子どもたちにおける聴取体験は、楽曲にまつわるプロモーションビデオの鑑賞、選曲や編曲、コピーバンドやカラオケによる練習、歌手のバイオグラフィーや時代背景のリサーチ、コンサートの企画開催、アルバムジャケットや歌詞の展示制作などのプロセスを通じて、楽曲の意味を自由に読み替える実に能動的な聴取へと変化していくのである。

　具体的には第1章第2節で触れた増田聡（2006）やスチュアート・ホール（Hall 1980）の理論に沿って事例を分析すれば、以下のようなことが言えるだろう。「CBPB」においては、『M』のカバーバージョン（つるの剛士 2009）を好んだ児童が自らそのCDを持参し、原曲と聴き比べる行為が見られ、また、『そばかす』はアニメ「るろうに剣心」の主題歌だったこともあり、アニメそのものをYouTubeで検索し、自分が日頃見ているアニメの歌（例えばアンケートでも挙がった『ヒャダインのじょーじょーゆーじょー』（ヒャダイン 2011）など）と聴き比べ意見を述べるなど、楽曲に対して児童各々が様々な思いを乗せていく「交渉的読み」が存在した。また「歌と記憶のファクトリー」では、担任の先生が選んだ楽曲（『モニカ』（吉川晃司 1984））を初めて聴いたにも関わらず、なぜか自由に淀みなく最後まで歌いきることができたり、現在も運動会でよく使われる曲として既に多少は知っていた『Runner』の存在を、

先生のエピソードから当時の背景を含めて学びなおす経験を得た。

　もう一歩踏み込んで、こういった能動的聴取が、人々の関係性やコミュニティの在り様を具体的に変化させる事例を扱った研究を読み解こう。まずは、前章でも取り上げた小泉の音楽と想起にまつわる事例研究（2013）だ。例えば、観光業でお馴染みの株式会社はとバスが2010年3月から開始した「あの歌この歌 東京ドライブコース」は、東京名所を巡りながらそのゆかりの歌を2時間半かけて約20曲を歌いあげるツアーで、60代〜70代の世代に人気を博しているという。少し引用する。

> 　往年の修学旅行を彷彿させる下町コース（Aコース）と山の手コース（Bコース）では趣が異なる。山の手コースの場合、歌はフォークと昭和四〇年代から五〇年代の歌謡曲が中心で、東京ドーム横を通る際には、前身の後楽園球場で解散コンサートをしたキャンディーズの「微笑がえし」を歌うなど軽快なナンバーが入っており、六本木や青山でバブル時代をなつかしみ、神田川でフォークをうたってしんみりする、という趣向だった。Aコースでは終戦と復興、平和という集合的記憶に向き合い、Bコースでは青春や恋愛といった個人的記憶をより喚起するという違いはあるが、どちらの乗客も、世代共通の音楽「コモン・ミュージック」でそれぞれの若き日を思い起こす浄化作用（カタルシス）が車内で形成されたからこそ、「ありがとう」といい表情でバスを降りていくのだ。(28)

　小泉のフィールドワークは、参加者個々人による能動的聴取が、バス内の空間や車窓から見える風景と相まって、集合的記憶へと共同編集されていくプロセスが窺える。そこでは確かに、見知らぬ人同士が

コモン・ミュージックを通じて、想起と対話を繰り返すといった豊かなコミュニケーションを生み出している様子が想像できるが、こういった事例と筆者の実践事例が明らかに異なる点が存在するのもまた事実だ。それは、ある特定の世代共通の音楽であるコモン・ミュージックに対して「相対的・外部的な関係性」を持ち込むプロセスが存在するか、否かという点である。以下、具体的に説明しよう。

「CBPB」と「歌と記憶のファクトリー」はともに、子どもたちによる能動的聴取を焦点化するに留まる取り組みではない。そこには子どもたちという想起の「聞き手」による能動的聴取から生まれた新たな音楽実践──コピーバンド演奏や展示創作──を媒介にした、大人たち想起者たちの能動的聴取も発生している。インタビューの過程で生まれる大人たちの私的なエピソードは、それ自体が語られることが目的ではなく、その内容が子どもたちにとっての創作活動の「素材」となることがポイントだ。つまり、子どもたちは、最初に様々な大人（中には自分の親や担任もいるだろう）の記憶を、インタビューを通じて「収集」（図3）し、楽曲の鑑賞やカラオケでの歌唱を繰り返すことでリサーチ（歌手のバイオグラフィー、アルバムジャケット、時代背景など）し、そしてそれらの素材を一つの形態（コピーバンド、展示）へと「編集」（図4）し、発表会（コンサート、展覧会）を通じて大人たちと「共有」（図5）する。この一連のプロセスに大人たちも関与することで、想起者自身のかつての聴取体験や自伝的記憶が「子どもたちによって読み替えられた状態」で提示されるという体験を得る。もちろん他の大人たち（ママ友、同僚、上司など）の記憶とともに発表されることによる世代ならではの集合的記憶も生成されるであろうが、そこにまったく異なる（"コモン"・ミュージックという意味では"共有"できない）存在としての子どもた

ちが、その楽曲と大人たちの記憶の間に挟まることで、より重層的な関係性が反映された集合的記憶が立ち現れることになる。ここに、既存のコミュニティにおいて、これまで生まれ得なかった新たな関係性が立ち現れる可能性があると、筆者は強く主張したい。

　また、第1章でも紹介した中村美亜の研究（2013）も、能動的聴取が人々の関係性やコミュニティの在り様を具体的に変化させるフィールドワークだ。中村の研究では、社会的マイノリティとしての立場を背景に生成される独自の聴取実践が検証され、コミュニティケアという観点へとつながる報告がなされている。例えば、HIV／AIDSを巡るリアリティをアート的な手法で伝えることを目的にした、（HIV陽性者の体験談を元にした手記の）朗読とDJと音楽ライブからなるイベント

図3：「CBPB」を例にしたコミュニケーションの構造図 行程その1「収集」

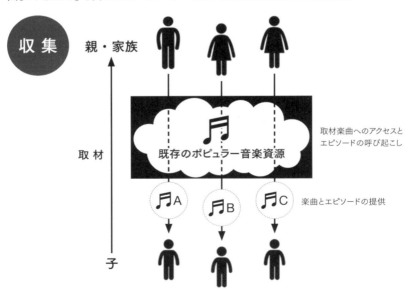

〈Living Together ラウンジ〉。中村は、このHIV／AIDSのリアリティというコンテクストにおいて、手記の朗読の内容はさることながら、音楽が重要な役割を果たしていると語る。とりわけDJを担当するワラ氏の存在が重要だ。引用しよう。

> たとえばいくら曲調がよくても、「一人で生きていけ」とか「絶望しかない」という歌詞が含まれているものは選ばない。(中略) 今でもワラが最も気を使うのが、リーディングが終わった直後にかける音楽である。どんな音楽をかけるかで会場の雰囲気が一変するからだ。(中略) そのためワラは、手記やトークの内容に沿いつつも、その日全体のDJの構成に配慮し、クラブの雰囲気を整える音楽を即興的に選ぶようにしている。(153)

図4：「CBPB」を例にしたコミュニケーションの構造図 行程その2「編集」

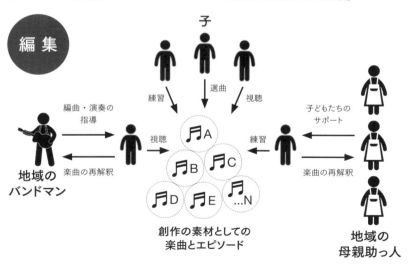

第3章　アートプロジェクトにおける事例研究　99

また手記朗読中にかける音楽は特色を抑えつつもリラックスできるよう、BPMを平常時の心拍数にあわせたリズムトラックのみを流すなど、様々な試行錯誤が窺え、同時に、ライブ演奏においてもコンテクストに寄り添った様々な創意工夫が見られる。このような音楽的な仕掛けを通じて展開される〈Living Together ラウンジ〉は、中村によれば「手記やトーク、ライブを通じて、個人の〈語り〉を共有可能なメタナラティヴへと変換する儀式だ」（164）と述べられる。

　中村の研究には、聴取者（イベント参加者）がエンパワメントされる体験、つまり、世代や社会的な背景などが異なる第三者（DJ）の存在によって、そこに流れているのがかつてから知っていた「同じ楽曲」でありながらも、自身の背景とのつながりを意識しながら現在において

図5：「CBPB」を例にしたコミュニケーションの構造図 行程その3「共有」

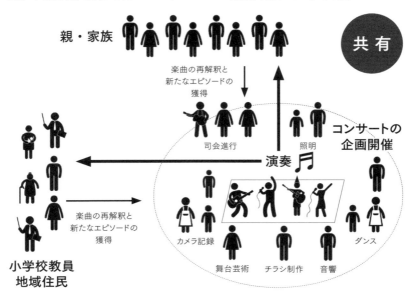

再聴取するといった体験が、存在すると言えるだろう。筆者の事例においてもこのような一連の取り組み（中村の言葉を使えば「儀式」）が見られ、大人（家族や先生）たちにとって世代や社会背景を共有していない第三者としての子どもたちにより「収集」された楽曲にまつわる記憶は、単に「懐かしい」という感情や「過去の再生」といった機能のみに留まらない「編集」体験を得て、そのことで、いまここにあるコミュニティ——例えば西土佐という地域ならではのコンテクストが反映された「この場ならではの新たな『M』」や「この場ならではの新たな『そばかす』」が生まれている、と言えるのではないだろうか。コンサートという場でその演奏を「共有」した人たちは、この日を境にまた、『M』や『そばかす』に関する新たな想起を行うことになるのだ。

　さて、本節では主に能動的聴取という視点から、実践事例の分析・解釈を行ってきた。しかし、さらなる論考を進めるためには第1章第2節でも触れたように、一度「作曲」「演奏」「聴取」といった旧来の実践枠を超える言説を生み出す必要性を感じている。次節では、実践事例の分析を通じて図式化した、『「収集」→「編集」→「共有」』という一連のプロセスモデル全体を、音楽を「使いこなす」という思考から捉え直すことを試みよう。

第5節 音楽を「使いこなす」という
視点の獲得

　ポピュラー音楽と資本主義の関係について独自の考察を行ってきた毛利嘉孝（2012）は、ポピュラー音楽の実践を以下のようにまとめている。

> ポピュラー音楽の実践は、実験的なアヴァンギャルドや左翼的な実践とは異なり、資本や権力に対して常に両義的な立場を取るということです。それは対抗的になると同時に反動的になる可能性を同時に秘めています。そして、そのことが、しばしば（自称）ラディカルな政治中心主義者をいらだたせながらも、大衆的なものを動員し、組織化することを可能にしたのでした。この両義性こそが、本来の政治を獲得する鍵であり、ポピュラー音楽の魅力なのです。（273 ※傍点は引用者による）

　これまでも述べてきたように、高齢者ケアや地域づくり、学校教育の現場で実践される音楽ワークショップでは、むしろポピュラー音楽（をはじめとした産業芸術）の存在自体が先駆的・創造的なアートと対極にあるものと看做され、子どもたちや大人たちが日常的には聴取しない実験的な音楽（即興演奏のような）こそが創造的な機会として捉えられてきた。仮にポピュラー音楽が活用されたとしても、施設職員や教員が単に「使う」だけで、それらの現場に先鋭的なアーティストが関わ

った際は、やはり「野暮ったい月並みな表現」として嫌う傾向がある
であろう。しかし、参加者の日常を色濃く取り巻く既存のポピュラー
音楽だからこそ、それらを「使いこなす」ことで、そのコミュニティ
に対して創造的なコミュニケーションをもたらす可能性も十分に残さ
れていると筆者は強く訴えたい。

　今回、「CBPB」や「歌と記憶のファクトリー」で題材となった数々
のポピュラー音楽は、実験的な現代音楽などとは違って、人々の日常
空間（テレビやラジオ、スーパーや商店街など）に確かに有り余るほどにあ
ふれている。マスメディアを介して喧伝されるポピュラー音楽の存在
は、それをそのまま「使う」——結婚式の、卒業式の、ドライブの
BGMとして——ことでありきたりの演出になる可能性（もはや結婚式
で『CAN YOU CELEBRATE？』（安室奈美恵 1997）や『糸』（中島みゆき 1992）
が流れても誰も創意工夫は感じないであろう）も大いにあるし、むしろそう
なることの方が主流だろう。それは重々わかりつつ、しかし、この「誰
もが知っている」というポピュラー音楽の特性を意識的に逆手に取る
ことができればどうだろうか。ポピュラー音楽は誰もが知っていると
いうその特性ゆえに、使い方次第では多くの人たちの心を動かす力を
持つ。その両義性を自覚することで、ただ「使う」のではなく、戦略
的に「使う」、すなわち「使いこなす」ことができるのではなかろう
か。そう、既存のポピュラー音楽を「使いこなす」という実践は、マ
スメディアから一方的に与えられた音楽イメージにまったく新しい息
吹を与え、その音楽を独自に蘇らせることなのだ。

　例えば、少数派民族の政治的アイデンティティについての研究を行
う文化人類学者の太田好信は、これまで人類学の研究対象として一方

的に語られる側に置かれた人々が、自らの文化的実践を自らが操作可能な対象として再認識する過程を「文化の客体化」とし、その際、支配的な言説が供給するイメージを自らの目的に適合させて利用する過程を「文化の流用」として再概念化した（太田 1998）。そのうえで、太田はかの有名なレヴィ＝ストロースの「ブリコラージュ」概念を引きながら以下のように述べる。

> 流用とは、ブリコルールが行う文化の創造といえよう。支配的な文化要素を取り込み、自分にとって都合のよいように配列し渡し、自己の生活空間を複数化してゆくのだ。それは、整序され文法化された社会空間を意図的にズラし、そこに新たな意味をみいだす、いわゆる「意味産出実践」である。(48)

　もちろん、本稿で考察する音楽実践を、支配的な環境に置かれている人々の実践と同様に語るにはやや乱暴すぎるだろう。しかしながら、この「客体化」はまさしく「使いこなす」ための自覚であり、また実際に「使いこなす」うえで、「流用（アプロプリエーション）」という概念は手助けになると、筆者は考えている。太田はさらに、「流用」に近い概念として、歴史学者のミシェル・ド・セルトーの「戦術」という概念も紹介する。その名も『日常的実践のポイエティーク』(1980) というセルトーの書籍から引用しよう。

> 拡張主義的で中央集権的な、合理化された生産、騒々しく、見世物的な生産にたいして、もうひとつの生産が呼応している。「消費」と形容される生産（※傍点は引用者による）が。こちらのほうの生産は、さまざまな

図6:「聴取」における「使いこなす」の配置図。
　　　消費―使う―使いこなす の区別は、グラデーションを織りなす

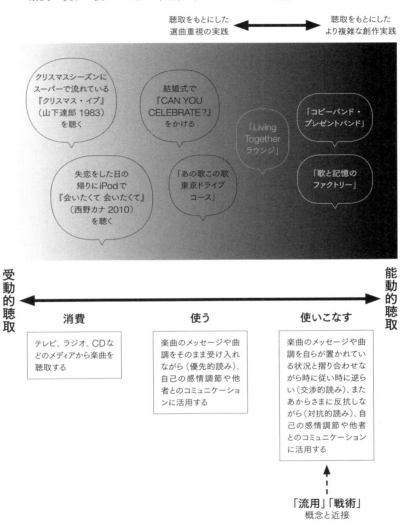

第3章　アートプロジェクトにおける事例研究　　105

策略を弄しながら、あちこちに点在し、いたるところに紛れこんでいる
けれども、ひっそりと声もたてず、なかば不可視のものである。なぜな
らば、固有の生産物によってみずからを表わさず、支配的な経済体制に
よって押しつけられたさまざまな製品をどう使いこなすか（※傍点ママ）
によっておのれを表わすからだ。（Certeau 1980, 13-14）

　「CBPB」や「歌と記憶のファクトリー」において大人たちが子ども
時代に「消費」したポピュラー音楽から想起された自伝的記憶の数々
は、子どもたちによってまさに創作の「素材」として「使いこなされ
る」ことで、その行為はセルトーの語る「消費と形容される生産」へ
と近づいてゆく（図6）。そして、その「使いこなし」によって、当該
コミュニティにおける既存の関係性——「親／子」「地域の大人／地域
の子ども」「先生／生徒」——に色濃く存在する「／」（ボーダー）の位
置をずらす。これらを太田の言葉で言えば、「整序され文法化された社
会空間を意図的にズラし」、「自己の生活空間を複数化してゆく」よう
な「意味産出実践」と言えるかもしれない。
　もちろん、子どもたち自身が「使いこなしている」という意識を確
実に持ち得たかというと課題は多い。ほとんどの子どもは、純粋に一
連の音楽実践を楽しんでいるというのが正直な現状だ。しかし、時間
を経るに連れて取材内容も積み重なり、それらの楽曲を繰り返し練習
（あるいはリサーチ）することで、「僕たち私たちなりの演奏を大人たちに
発表する」という意識は格段に上がっていったように筆者は感じた。
そして、その発表を受け取った大人たちも、子どもたちとの間に互い
の立場を超えた関係性が築かれたときに、「日常の現場で、音楽をこの
ように使えるのか」という気づきをどこかで受け取ってもらえたので

はないかと考える。その気づきの連鎖が、いずれ音楽を「使いこなす」
という概念の流通へとつながるのではないだろうか。

第6節　まとめと課題

　本章では、本書の主題である「音楽×想起のコミュニティデザイン」
の一環として、筆者自身がモデル実験として企画・実施した二つのア
ートプロジェクト「コピーバンド・プレゼントバンド」と「歌と記憶
のファクトリー」の報告と考察を行った。

　ここでの成果は、「能動的聴取」という視点からこれらのコミュニテ
ィに新たな関係性の構築を促してゆく可能性、ならびに、音楽を「使
いこなす」という視点を得ることで、音楽による想起がもたらすコミ
ュニティデザインに新たな価値づけを行ったことである。

　しかし、このような事例は、多くのアートプロジェクトがそうであ
るように、一定の事業予算（自治体の文化事業予算や企業のメセナ事業予算
など）が確保されている中で企画されることが多く、必然的に「イベ
ント」的な位置づけとして開催されるのも事実である。したがって、
より日常的な音楽実践──その象徴としての音楽による想起がもたら
す実践──の意義を探ってきた本書にとっては、アートプロジェクト

という枠内でのみ行われる音楽実践の考察のみでは、真の研究目的を達成できないと考える。また予算面のみならず、アートプロジェクトは構造的にアーティストという存在が提案する創造的なアイデアによって、実施現場のコミュニティの人々がその実践に参画してゆくというプロセスを踏むことが多い。しかし、音楽による想起がもたらす実践は、むしろこれまでの音楽家が「作曲」や「演奏」のみを注視してきたというプロならではの先入観を外し、市井の人々だからこそ自由に発見できる音楽の「使いこなし」にこそ寄与する実践だと、筆者は考えているのだ。よって、アーティスト（音楽家）が存在しない、より日常的な音楽実践事例にこそ、さらなる光をあてながら観察と分析を行うことを肝に銘じ、次章のフィールドへと誘おう。

注：

1 次代を担う子どもがアーティストとの出会いを通じて豊かな感性と夢を育むことを目的に、2004年よりトヨタ自動車社会貢献推進部とNPO法人芸術家と子どもたち、一般社団法人AISプランニング、各地の実行委員会が連携して展開しているプログラム。詳しくはホームページ（http://artists-children.net）を参照。

2 2012年4月12日の高知新聞地域欄（西土佐用井）に掲載された記事より転載。

3 トヨタ自動車株式会社広報部社会文化室が制作した資料「トヨタ・子どもとアーティストの出会いin高知2012ワークショップ報告」より転載。

4 「アーティスト・イン・スクール〜転校生はアーティスト！〜」の事業概要より転載。詳しくはホームページ（http://inschool.exblog.jp）を参照。

参考文献：

・Certeau, de Michel, 1980, L'Invention du Quotidien. Vol. 1, Arts de Faire, Union générale d'éditions.（＝山田登世子訳, 1987,『日常的実践のポイエティーク』, 国文社）

・Hall, Stuart, 1980, Drifting into a Law and Order Society, Cobden Trust.

・一般社団法人AISプランニング編, 2014,『札幌アーティスト・イン・スクール事業 おとどけアート 活動記録集 2008—2013』おとどけアート実行委員会

・小泉恭子, 2007,『音楽をまとう若者』勁草書房

・小泉恭子, 2013,『メモリースケープ：「あの頃」を呼び起こす音楽』みすず書房

・増田聡, 2006,『聴衆をつくる：―音楽批評の解体文法』青土社

・毛利嘉孝, 2012,『増補 ポピュラー音楽と資本主義』せりか書房

・中村美亜, 2013,『音楽をひらく：アート・ケア・文化のトリロジー』水声社

・NPO法人芸術家と子どもたち監修, 2013,『CHILDREN MEET ARTISTS トヨタ・子どもとアーティストの出会い 活動レポート 2003—2012年度版』トヨタ自動車株式会社社会貢献推進部

・太田好信, 1998,『トランスポジションの思想：文化人類学の再想像』世界思想社

初出

・アサダワタル, 2015,「音楽を「使いこなす」ポピュラー音楽を用いたコミュニティプロジェクトについての研究」（査読付き投稿論文）,『アートミーツケアVol.6』, アートミーツケア学会

第4章

日常的実践における事例研究

——歌声スナック「銀杏」における同窓会
ならびに校歌斉唱の現場を通じて——

第1節 考察対象の位置づけと視点

　本書では、音楽による想起がもたらすコミュニケーションが人間関係を更新し、音楽の聴取のあり方までをも更新させてゆく、そういった創造的なコミュニティをいかにして立ち上げるか、この問いを解き明かすことを目的に、これまで理論や事例を展開してきた。前章では、筆者自身が企画・実施したアートプロジェクトの二つの事例から考察を試みたが、そこで述べた知見と課題を受け継ぎ発展する形で、本章では、福岡県北九州市小倉北区にある歌声スナック「銀杏」（ぎんなん）における同窓会現場を考察対象とした。「銀杏」では、同窓会という集団の凝集性が高い（外部性が少ない）コミュニティの中に、経営者（俗に言うママ）である入江公子による「校歌のオリジナルカラオケ映像の制作」というユニークな実践が差し挟まれることによって、これまでの同窓会における校歌斉唱では生まれ得なかった特異なコミュニケーションが展開されている。しかもこの実践は、特別なときにのみなされるわけでも、また入江本人がとりわけ芸術的な実践という意識でやっているわけでもない、スナック経営と一体化した実に日常的な実践なのだ。

　ここで改めて、本章での考察対象となる音楽と想起の現場、すなわち校歌とそれが歌われる同窓会現場についての先行研究を簡単に整理しておこう。校歌は、特定の学校や学友というコミュニティにおいて共有され、強い記憶の想起をもたらすコミュニティソング[1]として知られている。校歌の地理教育学的研究を行った朝倉龍太郎（1999）によ

れば、校歌とは「その学校全体を象徴し、学校行事等で所属感や一体感を醸成するためにうたう歌」(4) であり、また新潟県中越地区の小中学校校歌を調査・分析した折原明彦 (2006) によれば、校歌とは「その学校全体を象徴し、児童生徒の道徳性や情操を養ったり、所属感や一体感を醸成したりするために、学校行事等において日本語で歌われる洋楽系の短い唱歌」(6) と定義づけられる。

このような校歌によるアイデンティティ形成の役割に着目してきた宮島幸子 (2008, 2009, 2012, 2016) は、校歌によって想起される記憶の種類について、児童やかつて児童だった社会人等を対象にアンケート調査を行った。その結果、年齢が上がれば上がるほど、「昔の懐かしい風景」や「ふるさと」といったかつて住んでいた「原風景」を匂わすキーワードや、「同級生」や「自分の幼かった日々」といったような「コミュニティの成員である、ないしは、あったことを意識した回答」(2008, 104) になってゆくことがわかった。宮島はそのことを、「校歌は学校というコミュニティを離れ、そこを起点として顧みるという時間的事後性をもつもの、すなわちタイムラグが校歌の存在意義をあらためて考えさせてくれると思われる」(104) と語りながら同時に、「校歌は個々人の心の原風景となり時間や場所が変化し社会状況が変わっても「わたしはわたしである」といえる一貫性と連続性を醸成していく力を持っている」(104) と締めくくる。校歌研究の中で、校歌がその学校に在学する児童のアイデンティティをリアルタイムに生成してゆく機能を持つだけではなく、この「時間的事後性」あるいは「タイムラグ」という機能に着目した点は興味深く、校歌が長いスパンで人生の伴奏を担ってくれることがよくわかる。

しかし、この数年後や十数年後のタイムラグを経た時点において、

校歌が実際に歌われることでどのような効果を個々人に及ぼしうるのか、そのフィールドを質的に調査した研究[2]は未だ十分には深められていない。その一方で、同窓会の社会学的研究という立場から校歌を取り上げる黄順姫（2007）によれば、学校というコミュニティを離れた後に開催される同窓会現場は「記憶再生の共同体」であり、その再生装置として「校歌斉唱」などの儀式が機能することがあげられる。黄は同窓会現場において校歌を歌うことは「自らの身体に刻まれた過去の集合的記憶を、常に現在の時点から繰り返し想起、再構築し、ふたたび身体に刻んでいく」（9）行為であり、同窓生たちは「現在にいながら、過去を喚起、再生し、その想像のなかで反省・熟考する空間」（10）や「自らの記憶の再構築作業を共同で行う空間」（同）に置かれながら、「もはや過去となった学校生活に、新たな意味を付与し、現在の日常生活に生かしていくこともある」（1）と語る。黄の議論から導きだせる視点は、校歌をはじめとした「想起の仕方」としての音楽に立ち会うことは、単に「懐かしさ」や「過去の再生」を伴うことにのみ留まらず、「現在」を再構築してゆくような「進行形でダイナミックな記憶のあり方」を強調している点だ。しかも、その想起を一人の「想起者」のみではなく同窓生という「共同想起者」たちと斉唱（あるいは聴取）することで、対話によって想起の内容が変化したり、また人間関係がアップデートされていく可能性も、同窓会現場ならではの特徴だと言えるだろう。

　したがって本章で試みるのは、第一に、これまで音楽の「内容」のみが取り上げられがちであった「想起の仕方」に対して、音楽が聴取（あるいは歌唱）される「場」の在り方、あるいはその「場」のデザインの仕方にまで視野を広げること。そして第二に、そこで想起される記

憶は、第2章でも明らかにしたように、必ずしも「懐かしさ」や「過去の再生」といったイメージのみに回収されない、想起のダイナミックな性質に着目すること、である。考察対象である「銀杏」の事例は、まさにそれらの音楽と想起をめぐるコミュニケーションの特性が象徴的に展開されている現場であると考えているわけだ。

　さて、筆者は2014年9月25日、9月26日、12月8日、2015年3月4日、3月5日、3月10日の合計6回にわたって現地調査を行った。その際、スナックという場所の特性上、通常のインタビューという手法とあわせて、実際にそこで行われるコミュニケーションを即時的に捉えるために参与観察を実施した。具体的には、2015年3月4日に開催された北九州市立大学商学部1959年（昭和34）年卒業生の同窓会である「三四会（さんしかい）」の現場にて参与観察を行い、2名の参加者からインタビューの承諾を得た。また「銀杏」の経営者である入江へのインタビューに関しては、彼女の勤務・接客の状況に配慮し、自然な対話の積み重ねから徐々に本稿の趣旨につながる回答を得られるよう、比較的ランダムに行うことに努めた。その際、校歌のみならずその他のジャンルのオリジナルカラオケ映像についても約40曲程度閲覧した。その理由は、校歌に限らない「オリジナルカラオケ映像の制作」という実践の全容を最低限把握することで、同窓会現場におけるコミュニケーションに入江の実践がどのような影響を及ぼしているか、その考察をより深めることに寄与すると判断したからだ。しかしながら、「銀杏」に所蔵する全オリジナルカラオケ映像は6547曲[3]にもわたっており、そのすべてを閲覧することは不可能に近い。よって本稿では閲覧した内容と入江の証言に基づいておおよその推察を立てながら考察を試みた。なお、インタビューの引用は、語調を整えるため、文意を

変えない形で編集を加えていることを予め断っておく。また、プライバシーに配慮して入江以外の個人名は匿名表記とする。

（第2節）「銀杏」の概要

　本節では「銀杏」の経営者（ママ）である入江公子へのインタビューをもとに、「銀杏」の取り組みと開店にまつわる経緯をまとめる。

②-1 「銀杏」の取り組み

　「銀杏」は、福岡県北九州市小倉北区鍛冶町1-2-2 坪根ビルB1にある歌声スナックである（写真10）。童謡、唱歌、懐メロ、校歌、ラジオ歌謡、軍歌、寮歌などが歌えるカラオケ環境を整え、通常営業のほか、同窓会等の貸切営業、そして毎月10日は「歌声喫茶を楽しむ会」を主催している。「銀杏」の最大の特徴は、入江自らが撮影した動画や写真を使用して、オリジナルのカラオケ映像を制作することにある。主に常連客や同窓会で集う客から、地元や学生時代の思い出話を聞き取り、それぞれの思い出の曲のカラオケ映像を、特技であるビデオ撮影・編

写真10：「銀杏」概観。左手前の和服の女性が入江公子。彼女の頭右上のモニターに校歌のオリジナルカラオケ映像が映し出される。2015年3月4日筆者撮影

集の技術を駆使しながら制作にあたる。オープンは1993年11月。その翌年の1994年に同窓会帰りに立ち寄った客が母校の校歌を歌いながら学び舎時代を懐かしむ生き生きとした表情を見て、「カラオケ映像があったらもっと喜んでもらえるのではないか」という思いが募り、校歌のオリジナルカラオケを編集することを思いついたのだという。

入江がこれまで制作した校歌のオリジナルカラオケ映像は236曲[4]にも上る。福岡県下の大学と高校を中心に、地元である北九州市下に関しては小中学校の校歌や幼稚園歌も存在する。そして何より大学校歌においては、九州・中国・四国地方などの近隣の大学や、いわゆる東京六大学や関西の主要大学など、その収蔵は全国に跨がる[5]（写真11）。

第4章 日常的実践における事例研究　117

また、例年継続的に開かれる同窓会では、客たちがこのオリジナルカラオケ映像をもとに校歌を歌う様子そのものを、入江がカウンター越しから撮影し、翌年の同窓会ではその時点での昨年の様子が新たにインサートされるという演出（写真12）まで施している。

　素材は常連客や同窓会の幹事を担当する客が持ち込む音源（カセットテープやCD）、そして卒業アルバムやスナップ写真をベースに、学校にまつわる歴史資料（校舎や行事、周辺の街並の昔の写真など）を直接学校に問い合わせるなどして収集し、使用する。そして、客の固有の記憶や校歌の歌詞に寄り添った映像を準備するために、入江自ら現地の風景

写真11（左）：校歌のオリジナルカラオケ映像のビデオラック。この他にDVDラックなども存在。2015年3月4日筆者撮影

写真12（右上）：校歌映像に見入る「三四会」同窓生の様子を入江がさらに撮影している様子。2015年3月4日筆者撮影

写真13（右下）：ビデオ編集作業中の入江の様子。バーカウンターのすぐ横に機材がある。2015年3月5日筆者撮影

（キャンパス、校舎、周辺の自然や建築物、観光スポットなど）の撮影に出かける。こうして、必要な素材が揃ったあとは、いよいよ編集作業に取りかかる。歌詞に添った現地ロケ映像の並び替え、卒業アルバムやスナップ写真の接写、および登場人物（教員、同級生など）の氏名の入力、歌詞のテロップ作成（写真13）などを積み重ねてゆく。映像1本につき制作期間は約1週間だ。

②-2 「銀杏」開店の経緯

　入江へのインタビューをもとに、開店以前から現在までの経緯をまとめよう。開店以前、某大手電機メーカーに勤めてきた入江は、退職後、実母を亡くした失意もあいまって将来の展望がつかめないでいたと語る。昔から童謡や懐メロが大好きでカラオケができる機材を持っていた入江は、会社員時代、週末になると小倉でスナックや喫茶店を営んでいる友人たちをよく家に招いていた。そんな入江の深い趣味を知っていた友人たちが彼女を励ます意味も込めて、「お店やってみたら？ 空いている物件があるから紹介するよ」と声をかけた。しかし、勧誘当時、既に決して若くはなく、またお酒が飲めるわけでも歌がうまいわけでもなかったという理由で、「お店なんて到底無理だ」と思い込む。その様子を見た友人の一人から言われたアドバイスが「あなたにしかできない特技を生かした特殊な店をやりなさい」というものだった。

　唱歌や童謡を専門とするスナックが周囲になかったこともあり、入江はこのジャンルのカラオケ映像を集めて店を開くことを思いつく。

しかし、一般に流通販売しているカラオケ映像には、これらのジャンルが多く存在しないことを知り、カラオケ映像のストックをどのように増やしていくか、苦戦を強いられることとなる。

　そんな中、趣味で続けてきた旅行の記録を残すことをきっかけに、ビデオカメラ撮影の魅力に目覚めてしまう。当時、FBS（福岡放送）のカメラマンが地元のビデオクラブの講師を担当しており、毎週末撮影や編集の勉強をしに通い詰めた入江は（写真14）、「そうか、このビデオカメラと歌を組み合わせればいいんだ」と思い至る。

　最初の制作は『故郷』（高野辰之作詞, 岡野貞一作曲, 1914）だった。客が来た時に最初に歌う曲は、定番の唱歌ということもあって『故郷』であるパターンが多い。だから入江は、まず手始めにこの曲の映像から作り始めた。入江は以下のように話す。

写真14：ビデオクラブ時代の入江。撮影旅行に出かけた際の記録映像より。2015年3月5日筆者撮影。

一人ひとりが違う故郷を思い浮かべられてね。「あなたはどちらのご出身？」って聞いたら「どこそこの田舎だ」と。そこからは例えば「あそこに防空壕があったよ」とか、「あそこに神社があって子どもの頃に賽銭泥棒したな」とかね。そういう思い出話があふれるように出てくる。話が盛り上がって、「じゃ今度の週末、あなたの田舎に撮りに行きましょうか？」ってなったわけ。そしたら、その方が友人を店に連れて来るようになって、「ママ、俺の『故郷』かけてくれ」って頼まれてかけたら、皆さん感激して口を揃えて「俺の『故郷』も作ってくれ」っておっしゃるの。(2015年3月10日のインタビュー時の発言より)

　実際に、入江はその客の故郷を撮って回りながら、また「如何にいます父母」という歌詞の箇所には、わざわざ家族の写真アルバムを借りてきてまでその接写映像をインサートする徹底ぶりを発揮する。そういった丁寧な作り込みが功を奏し、客がさらに友人を店に連れて来ては感動し、やがて校歌のオリジナルカラオケ映像の存在を知った全国各地の同窓会コミュニティからも注目される存在となった。

第3節 「銀杏」における 想起のコミュニケーション ―北九州市立大学商学部同窓会 「三四会」の現場から―

　ここからは、「銀杏」で開催される同窓会現場におけるコミュニケーションの特徴を、参与観察と同窓会メンバーへのインタビューを通じて考察する。

　対象事例である「三四会」は、その名の通り、同大学同学部を昭和「34」年に卒業した平均年齢80歳の同期生による同窓会である。「三四」にちなんで毎年3月4日に、主に九州圏内のホテルや観光地で一次会が開催される。2015年3月4日に北九州市小倉北区のホテル・ニュータガワで一次会を終えたメンバーのうち合計23名[6]が、二次会として同日20時から約2時間半に渡り「銀杏」で時を過ごした。幹事を務めるEは以前に「銀杏」を訪れたことがあり、入江の実践に感銘を受けた一人である。Eはこの日、あらかじめ二次会の会場を「銀杏」に決めており、入江に過去に開催されてきた「三四会」の様子をまとめた写真アルバムを事前に手渡していた。本章で扱うのはこの同窓会二次会の内容、およびそこで行われた聞き取りの結果である。

③-1 全体の流れ

　それぞれ飲み物が揃い乾杯を終えたところで、映像が再生される。最初に映し出されたのは『故郷』をBGMに入江が入手してきた昔の小倉の風景資料──「昭和30年頃の旧小倉駅（室町）」、「昭和33年頃 旧小倉駅」、「昭和37年頃 小倉駅前平和通」、「昭和31年頃 井筒屋百貨店」、「昭和38年頃 小倉城 ジェットコースター」[7]──などが映し出され、注目が集まった。映像は大学のキャンパスに移り、「昭和35年頃 食堂」、「北九州外語大学[8] 全景」、「初代学長 大島直治像」などがモノクロで映し出された後、入江撮影によるカラーでの校門前の映像へと切り替わり、いよいよ音楽が『故郷』から『北九州大学校歌』（進隆作詞, 山浦茂人作曲, 1948）、続けて『北九州大学逍遥歌』（石田謙一朗作詞, 椎木福蔵作曲, 1948）へと流れ込んでいった。威勢の良い前奏が始まり、各々が酒を手に持ちながら斉唱に励み、マイクが手渡されていく。

　『北九州大学校歌』の歌詞[9]に対応する入江撮影映像はすべてで18カットに及ぶ。パン、ズームアウトなどの技術を駆使し、同一カット内でも別の風景が映し出されるように工夫されているので、実際のカット数よりも多彩な印象を受けるのが特徴である。「足立山」や「玄海」など固有の地名のフレーズには忠実に現地撮影をしており、キャンパスの様子（校舎や初代学長の銅像、学生たちの登校やトラックを走る体育会クラブの様子など）もバリエーション豊富に撮影されている。また、タイトル映像は、キャンパス全容を鳥瞰できる高台のロケ地からわざわざ撮影する凝りようである（写真15）。

　校歌と逍遥歌が一通り終了した後は、『仰げば尊し』（文部省唱歌作詞, 文部省唱歌作曲, 1884）をBGMに、これまで開催されてきた「三四

写真15：『北九州大学校歌』オリジナルカラオケ映像のモニター写真。2015年3月10日筆者撮影
(左上) 冒頭のタイトルカット。曲名、作詞・作曲者名、曲の制作年の他に、画面左上に必ず入江氏自身の映像制作の年月が記されているのも特徴のひとつ
(右上) 一番冒頭の歌詞「見よ青嵐の足立山」のカット。グラウンド越しに足立山の風景
(左下) 一番最後の歌詞「若人の命雲と展ぶ」のカット。校舎を行き交う男女の学生の姿
(右下) 三番最後の歌詞「創造の力華と咲く」のカット。校門の看板

会」の記念写真を入江が接写で撮影し、一人ひとりの人名を入れた映像[10]が映し出され、会話が弾み出す。

　これらの映像を眺めながら、筆者は幹事のEと以下のようなやりとりをした。

　　筆者「今まで何度か銀杏には来られたことがあるんですか？」
　　E「今年は2回目かな。いままで4回。これ（これまでの三四会の記念写真を筆者に見せながら）をね、ずっと持っていたもんだから、ここに持ち込んでね、ママに整理してもらったのよ」
　　筆者「これまで同窓会は何回ほど開催されてきたんですか？」

E「卒業してから毎年やってきたね。43回になりますね。でも今年で最後だね。（映像を指差しながら）こうやってね、写真に載っていま映っているひとたちね、結構亡くなっている方多いんですよ。あの彼は一昨年亡くなったんだよね。まぁ幸いにして健康な人間がこうしてここに集まっているわけなんですね。あの頃はちょうど高度成長時代に突入してね、そして一方で格差もあったし、そういったなかで人間関係がいまよりちゃんと強くあった時代なんだよね。卒業しても集まろうっていう一体感があったからこうやって続けていられるんだと思いますね」

　既に逝去した旧友の顔を見つめながらこれまでの43年にわたる同窓会の積み重ねを嚙み締めるEの発言からは、在学当時の時代背景にいわゆる「懐かしさ」を感じている、ノスタルジックな語りが展開された。そして宴もたけなわとなった22時半、最後に再度『北九州大学逍遥歌』を合唱し、会は終了となった[11]。

③-2 校歌と映像にまつわる対話の考察

　Eとその二つ隣の席に座っていたKに、校歌についての質問をしてみたところ、以下のような答えが返ってきた。

筆者「校歌はよく歌われたのですか？」
E「校歌はね、私はこれまでよく同窓会の幹事とかやってきたから歌うことが多かったけど、在学中はね、普通はそんなに多くは歌わなかったと思うね」

K「校歌自体は覚えているよ。まぁ、毎年こうやって歌っているから歌えるっていうのもあるけどね」

筆者「在学時代は毎日歌ってらっしゃったんですか?」

K「いやいや、年に何回かやな。卒業してこういう会があるから歌うんやわ」[12]

筆者「あっ。それでまた覚えてゆくみたいな?」

K「そうそう、在校生の時は逍遥歌も歌いよった。でも昔は在校生が卒業生が旅立つのに際してね、校歌を歌うって習慣は特になかったのよ。それにね、わしらの時代はね、歌で癒すって感覚があんまりなかった様に思う。確かに歌声喫茶とかはあったが自分は行かなかった。歌を歌っているのはやっぱりコーラス部とかね、そういった特殊な趣味を持っている人って印象があって、みんながみんな歌を歌っていたわけではないよ」

　筆者は当初、全員が校歌を生き生きと歌っている姿から「(クラブへの参加等を問わず)在学中は頻繁に歌っていたもの」だと何の疑いもなく思い込んでいた。しかしEとKは共通して「校歌を在学中に多く歌ったわけではない」と述べている。また、Kの「歌で癒されるという感覚は一般的なものではなかった」という旨の発言は、目の前で高らかに斉唱をしながら過去を懐かしがっていた彼らの姿からは直接想像できない内容であった。

　続いて、入江が実地で撮影した校歌にまつわる風景映像の内容についてインタビューをしたところ、EとKは次のように語った。

E「昔は今みたいな立派な校舎じゃないからね。さっきの映像[13]みたいな

感じではなくて、芝生があってみんなその周りでね、フォークダンス
をしてたよ。キャンパスの様子も違うし、学生たちのやっていること
も随分最近とは様子が違うよね。まず基本的に（映像に映っていた様に）
女性がいなかったからね、昔の大学は。明日はだから、久しぶりね、学
部のキャンパスにバスに乗って行くんですよ。まぁ卒業してから初め
て行く人もいるしね」

K「10年前にわしは学校に何度か行っていたから（映像に映っているキャ
ンパスの様子を知っているけど）、実際バスで行ってみたら、懐かしさは
それぞれみんな違うだろうね」

　Eの発言から、懐かしさの対象は、入江が撮影した映像そのもので
はないことがわかる。前述した同窓会アルバムが映し出されるシーン
は、亡くなった旧友への思いを馳せる直接的な懐かしさを喚起させる
一方で、入江が平成12年12月15日に撮影したキャンパス風景の方は、
昭和34年に卒業したEにとってはもはやリアリティを抱くものではあ
りえない。またKの発言からは比較的近年（とは言え、10年も前ではある
が）のキャンパスの様子を既に見ている立場から、それを見ていない
人と見ている人によって、入江の映像を介した懐かしさには相違があ
ることが窺われる。

第4節 「銀杏」のさらなる特異性
――入江のインタビュー内容より――

　本節では、校歌に限らないオリジナルカラオケ映像のいくつかを観ながら行った入江へのインタビュー内容に基づき、入江の音楽に対する関心やオリジナルカラオケ映像を制作し続ける動機に関連すると思われる発言を報告する。
　まず入江は、音楽の機能についてこう語る。

音楽っていうのはすごい。その時に戻る。たとえば同じ1曲でも思い出がまったく違うということが本当に面白い。ある人は、ある曲を聴いたら「大学のとき貧乏でラーメンを食べる金もないから学生寮でパンを分けてもらっていたらこれが流れてきた」とか、また鹿児島出身の人が「百姓しながら聞きよったぞ」とか、「引揚船の上で退屈やから聞いていた」とかね。校歌だってそう。（リクエストしてくれた幹事）一人ひとりの学部も違うし、その人がいつも通う田舎の橋とか、そういう記憶を聞き取って作っているから、（別の方が）「俺たちはここじゃなかった」って言っても「やかましい！あんたのために作ったんじゃない」ってね（笑）。（2015年3月10日の発言より）

　この発言からは、個々人が持つ「音楽と記憶の固有の関係性」にできるだけ寄り添いながら制作を続ける入江のスタンスが如実に見受け

られる。しかし、その一方で、以下のような発言も聞かれる。

海とか花とか、田舎の景色があればなんとかまかなえるのよ。だから（各地に）行ったら（そういった景色を）撮っておくのよ。波でもゆるやかにしようと思えば、機械でスローにすればできるやないですか。編集次第。あれやったらこれ使おう、それやったらこれ使おうって、構想を練るんです。で、それ通りにやりよったら、（たまたま）違うテープ取るじゃない？そしたら、「ああもうこれでいいや！」ってなっちゃうときもある。
（2014年9月26日の発言より）

　この発言からは、これまでのストックからふさわしいと思われる映像を臨機応変に選び取るといった、「ありあわせ感」が窺われる。とりわけ同窓会の開催までの期限の関係でどうしても撮影時間の確保が難しい時は、「もうこれでいいや」となることが多いと入江は言う[14]。つまりは、完璧に再現に努めるというわけにはいかず、校歌の場合においてもそこで登場する「海」や「花」とは本来関係のない別の地域の「海」や「花」の映像が紛れている[15]可能性があるのだ。
　また筆者は、この実践が客だけではなく、入江自身にもたらしている効果について考えさせられるいくつかの発言を耳にした。

これはお祭りの歌だからね、大分で有名な狐踊りがあるんだけどそれを入れてね。（姫島っていう）小さな島なんだけどね、（祭りのときは）何万人とお客さんが入る。船も全部予約なのよ。何分の船に乗ったら、何分の船で帰らないといけないとかね。この集落ごとにね、全部踊りが違うの。ほら、後ろに狐がいるでしょ？わざわざこれをね、三回くらい（撮影に）

行ったかな。（2014年9月26日の発言より／『月夜の笛』（津村謙, 1954）の映像を見せながら）

これは、大阪の造幣局。15年くらい前かな。これはからたちの花。大阪城の入り口のところにあるのよ。私はゆっくり撮っていたんだけど、（一緒に行った）彼女たちは左側のコースに行ったもんだから（人混みに）押されて押されて（笑）　これは貴匠桜かな。これが一番美しく見える。こっちは菊桜でね、珍しいのよ。確か兼六園にあったのをここで育てている。そしてこれ私（笑）　最後に撮ってもらったの。（2014年9月26日の発言より／『大阪の人』（三浦洸一, 1958）の映像を見せながら）

（鶴を撮れるところが）鹿児島にあるのよ。朝、太陽が出る時に野鳥の会の人たちがね、大きなね、こんなバケツみたいな望遠鏡を持って太陽に（照準を）ピッとあてておくのよ。その間に鶴が渡るのよ。あれ見せてもらったときは、もう鳥肌が立ったね！　この映像はね、平成20年に作った。ああ、この曲、ある方が必ず歌声喫茶の会のときに歌っていたのよ。でも亡くなられた。でもよくしてくれたよ。色々な所に連れてってくださってね。（2014年9月26日の発言より／『鶴』（R・ガムザトフ作詞, Y・フレンケリ作曲, 坂山やす子訳詞, 1922）の映像を見ながら）

　これらの発言に共通しているのは、客のリクエストにより作られたオリジナルカラオケ映像でありながらも、同時に入江自身の記憶が語られていることである。しかし、その記憶の種類は様々である。まず『月夜の笛』では、映像そのものが入江による旅行日記の役割を果し、そこで撮影された「風景そのものの記憶」が解説される。次に『大阪

の人』では、入江自身の姿が同行した友人によって撮影され登場するなど、現地の風景のみならず入江の当時の「人間関係も含めた記憶」が想起されている。そして『鶴』では、「風景そのものの記憶」が一定解説されつつ、後半ではこの曲の映像制作をリクエストした当時の客がもう既に他界してしまっていることについて思いを馳せる発言が聞かれる。ここでは、映像そのものには反映されていないものの、「撮影した時点での当時の記憶」が想起され、また同時に、歌声喫茶の会においてこの客のために「映像を銀杏で流した際の記憶」をも想起されていると言えよう。

　いずれにせよこれらの考察からわかることは、入江にとってこのオリジナルカラオケ映像制作という実践は、依頼者である客の懐かしさに単に寄り添うだけ——想起者としての客の想起に寄り添うだけ——ではなく、聞き手である入江自身も客の想起を素材にして自身も「二次的な想起者」として振る舞っているという事実である。このことを踏まえれば、校歌映像においても同窓生たちが懐かしんでいるその記憶に図らずも第三者である入江の記憶までもが内包されているといった「想起対象の多層性」についても、考えざるを得ないだろう。

第5節　想起の「メディエーター」という存在

　本節では、これまでの現場考察と第2章第2節で示した視点とを重ね合わせながら、校歌と入江によるオリジナルカラオケ映像が同窓会現場においてもたらした想起のコミュニケーションの特徴についてまとめる。そのうえで、三つの図を作成した。

　図7では、一人の特定の「想起者A」にとっての「なじみの音楽」が、当人の生活史や記憶を引き出すプロセスについて示した。主に認知症高齢者をはじめとした音楽療法の対象者が治療の一環として音楽を聴取（行程❶）し、そこから想起（行程❷）が促される構図だ。ここでは、その楽曲の内容面（歌詞やメロディ）のみが、想起対象の内容（「想

図7：音楽と想起のコミュニケーション・パターン1。
　　　高齢者医療の現場に代表される、「なじみの音楽」による一人の想起

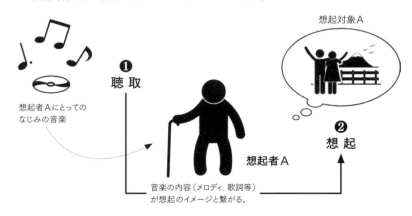

起対象A」）を確定するかのようなコミュニケーションが想定されており、想起者Aが他者（医療関係者、家族、他の利用者など）との対話によって、想起をさらに多様にし、「想起対象A」に留まらないイメージを展開してゆくコミュニケーションについて触れられることはない。

　一方で、同窓会のような集団の現場では、同窓生たちによって共有されるコミュニティソングを元にした対話と想起の相互連関作用が重要だと思われる。図8では、通常の同窓会現場にて、校歌を聴取（あるいは斉唱）した際に行われる想起のコミュニケーション構造を示した。

図8：音楽と想起のコミュニケーション・パターン2。
　　　通常の同窓会現場に代表される、校歌による集団の想起

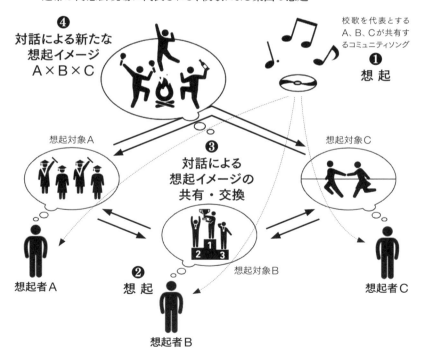

図7との違いは、まさに対話による想起対象の共有・交換（行程❸）とそこからさらに新たな「想起対象」が生成されるプロセス（行程❹）に着目した点である。これらは同窓生＝「想起者A〜C」が各々の想起対象の内容（「想起対象A〜C」）を懐かしがりながらも、対話によって一人では想起し得なかった新たな内容（「想起対象A×B×C」）に辿り着いており、懐かしみつつも、自らの記憶を「現在の時点から繰り返し想起、再構築し、ふたたび身体に刻んで」（黄 2007, 9）いるといった、「懐かしさ」のみに留まらないコミュニケーションを知ることができるだろう。この黄の指摘は、「三四会」において聞かれたEの「これまでよく同窓会の幹事とかやってきたから歌うことが多かった」やKの「毎年こうやって歌っているから歌える」といった校歌斉唱にまつわる発言からも窺え、彼らが卒業後の50数年にわたる歳月のなかで事後的に歌唱を繰り返すことで、その都度の同窓会という現在の時点から校歌を身体化させてきたこととも関係しているだろう。

しかし、本章で考察した同窓会現場は図8に留まらず、入江の実践によって結果的にさらに複雑なコミュニケーション構造、すなわち図9がデザインされている。まずここでは、同窓会現場に入江制作による校歌のオリジナルカラオケ映像が導入されることで、図8にも見受けられた行程❸の対話に対して想起対象の「参照点」が生まれ、校歌の旋律が進み映像とテロップが切り替わってゆくに連れて、さらに活発な対話と想起が促されることがわかる（行程❸ダッシュ）。例えば、校歌後に挿入される『仰げば尊し』をBGMに映し出される数々の同窓生の写真は、各々に固有の友人たちへの記憶を想起させ、彼らの性格や趣味にまつわる会話が触発される様子が窺えた。一方で、本編である『北九州大学校歌』や『北九州大学逍遥歌』における入江撮影によ

図9：音楽と想起のコミュニケーション・パターン3。
　　　同窓会現場に入江の実践が導入されることによって、
　　　校歌による集団の想起の在り方が一層多様化される

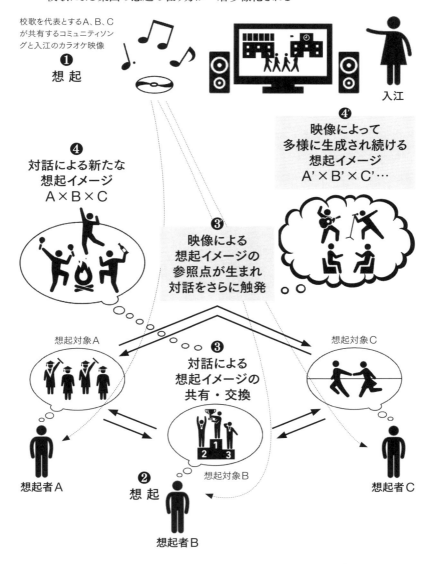

第4章　日常的実践における事例研究　135

る映像からは、キャンパスの様子や当時の風習にまつわる語りが生ま
れつつも、卒業当時とは随分違った様子で映し出されるキャンパスの
「現在の風景」[16]に対して、EもKも率直な違和感を語るといったよう
に、必ずしも「映像そのもの」が懐かしいわけではないという現状が
浮かび上がった。しかし大切なことは、入江の映像が直接的に懐かし
いかどうかより、その映像を参照点にしながら対話が促され、「実際は
（かつては）こうだった」といった意見も含めて、「想起対象A×B×C」
の内容が多様に変遷しながら新たな「想起対象A'×B'×C'」〜「想
起対象A''×B''×C''」へと展開してゆくコミュニケーション（行程❹
ダッシュ）がさらに存在することなのだ。つまり入江は、同窓会という
本来閉鎖的で凝集性の高いコミュニティのなかに「メディエーター（触
媒者）」として加わることで、図8で示した同窓生間のみでのコミュニ
ケーションに分け入り、校歌のオリジナルカラオケ映像制作という文
化実践を通じて同窓生固有の想起対象同士をより多様に編み上げる役
割を果しているのである。

　図9ではそのような基本的なコミュニケーション構造を示したが、
「銀杏」での同窓会現場はさらに多様な想起を促すオプション的な仕掛
けが準備されている。それは、入江が同窓会の途中で突如ビデオカメ
ラを取り出し、同窓生たちが校歌を歌う様子そのものをカウンター越
しから撮影するという行為である。この行為は翌年の同窓会において
その時点での昨年の様子を新たに映像に挿入するという演出のために
行われるものだ。毎年、同窓会での校歌斉唱を重ねる度に文字通り「生
まれ変わる」映像からは、もはや単に「懐かしい」という感情がうず
まくコミュニケーションをゆうに超えて、この同窓会自体を開催し続
けている「現在進行形の私たちを刻み続ける」といった象徴的な想起

の特徴が見て取れるだろう。さらには、客の思い出の楽曲をオリジナルカラオケとして映像化するという本来の意図とは外れ、その映像の中に時に「ありあわせ」の風景が挿入されたり、同窓生にとっては第三者である「入江自身による記憶」までもが様々な形で紛れ込んでしまっていること、つまり入江の「メディエーター」としての「出過ぎた役割の遂行」が、対話と想起の相互連関を結果的により重層化させているのだ。

　以上から、「銀杏」にて開催される同窓会現場においては、ここに参加する誰もが校歌を通じてただ過去をそのまま懐かしむだけではなく、むしろ現在の時点からの対話と想起を通じて過去の様々な側面を再発見し、同窓生たちとの間で紡いできた関係性をさらにアップデートしてゆくためのコミュニケーションが生成されていると言えるだろう。そして、この創造的な「想起の仕方」において、校歌は、過去とつながりながらも現在を読み替えていくための触媒として大きな機能を果し、さらに入江によるオリジナルカラオケ映像が、過去の純粋な再現に留まらない形で大きく加勢することで、より複雑でダイナミックな音楽×想起のコミュニケーションをもたらしているのである。したがって、現在という時点から記憶や他者との関係性を（再現ではなく）アップデートしてゆくこのような文化実践は、まさしく第2章で述べたスヴェトラーナ・ボイムの「ノスタルジアは、眺めを後ろ向きに変えるだけでなく、横道にそらす」（Boym 2011, 13）という指摘の具体的な実践と言えるのではないだろうか。

第6節 まとめと課題

　本章では、歌声スナック「銀杏」という特異な現場を題材にしながら、音楽による想起がもたらすコミュニケーションデザインの可能性の一端を報告してきた。無論、入江自身がここまでのコミュニケーションが生成されることを意図して、この現場を生み出していると言うのは言い過ぎだろう。しかし、彼女の音楽（歌）に対する類い稀な情熱と趣味の範囲を通り越した映像技術、そしてお客さん一人ひとりを大切にする人間性も含め、この実践がもたらす機能が数十年の中で洗練されていったからこそ、ある一定の「構造」を記述しうる程の普遍性のあるコミュニケーションが生まれるに至ったのは間違いない、と筆者は強く考える。音楽による対話と想起を繰り返し、想起対象を幾十にも膨らませる「銀杏」の同窓会現場では、これまで思い出すことのなかったかつての様々な人間関係が再び注目され、いまこの同窓会を開催している彼らの現在の人間関係にまで影響を及ぼしうる可能性を秘めているのだ。

　また、このようなコミュニケーションを通過した後では、（校歌など）同じ楽曲に対してもまったく異なる楽曲として再聴取を繰り返すといった、「聴取の技法」そのものを変容させていく可能性の存在についても触れておこう。この点に関する詳しい考察は次章にて後述する。

　しかし、このような重要な現場を後世に引き継いでゆくには課題も多い。入江は一連のインタビューの中で、自らの高齢化を示唆しなが

ら頻繁に「店を辞めたらライフワークとしてDVDは持っておくだけ」、「死んだら親族に託して処分してもらう」という旨の発言をしていた。客が「もし店を閉めたら、この映像はどうするの？」という質問を心配そうに投げかけている様子にも立ち会った。音楽とコミュニティの研究に携わる立場として、このような現場の社会的意義をどのような方法で伝え、かつ研究成果を今後どのような形で具体的な実践モデルに落とし込んでいくかという課題に、これからも真摯に向き合いつつ、次章に進みたい。

注：

1 渡辺裕（2010）によれば、「ここではそのような形［国家や校歌を皆で歌うこと］でコミュニティへの帰属意識や連帯意識を形作ったり維持するために皆で歌われるタイプの歌を『コミュニティ・ソング（共同体歌）』と呼ぶことにしたいと思います。」（46）と、定義されている。

2 前述してきた宮島幸子の近年の研究（宮島2016）では、広島県尾道市因島での小学校3校の閉校式でのフィールドワークが行われており、母校を卒業して長らく時を経たのちのOB、OGの校歌にまつわる発言がみられる。少子高齢化の時代、閉校に伴い校歌そのものが歌い継がれなくなってゆくことが加速する背景を考えれば、こういった「タイムラグ」を踏まえた校歌の存在価値を問う研究はますます重要になるだろう。

3 2015年3月10日調査時のデータ。このうち、入江自身が撮影した素材で作られている映像もあれば、中には古い映画の名シーンや資料映像などを再編集して作られた映像もあり、その内訳は定かではない。

4 2015年3月10日調査時のデータ。なお、校歌に準ずるものとして主に古くから存在する各高等学校や各大学において制作されている逍遥歌ならびに応援歌についても対象に含まれている。

5 しかも一つの校歌に1本のビデオだけが存在するわけではなく、例えば福岡県立小倉高等学校の場合は、地元なだけあって卒業年の違うバージョンが全部で16期分もあり、また、持ち込む幹事も違うためにそれだけ同数の映像が存在することになる。

6 すべて男性。また幹事補佐として幹事の職務上の秘書を務める女性1名も加えて参加した。

7 「」内は実際のテロップよりそのまま引用。

8 北九州外語大学は、北九州市立大学の前身にあたる。正確には1950（昭和25）年4月から1953（昭和28）年3月までがこの名称であり、1953（昭和28年）4月から2001（平成13）年3月までは北九州大学、そして2001（平成13）年4月からは現在の北九州市立大学である。詳しくは「北九州市立大学」ホームページ（https://www.kitakyu-u.ac.jp）を参照。

9 8同様、「北九州市立大学」ホームページ参照。

10 卒業アルバムやスナップ写真のシーンに於いては、同窓会幹事や資料提供者等の名前もしっかりクレジットされている。

11 映像の一連の流れは以下の四部構成となっていた。①『故郷』をBGMにしながら学校等から手配した当時のキャンパス、校舎、行事、周辺の街並の資料写真をつなぎ合わせるシーン。②入江による現地・各地撮影、資料写真をつなぎ合わせた校歌のシーン。③校歌と同様の編集を施した逍遥歌のシーン。④『仰げば尊し』をBGMにしながら客が持ち込んだ卒業アルバムやこれまでの同窓会等のスナップ写真を素材にして、教員、同窓生一人ひとりを接写して紹介してゆくシーン。これらのうち、①と④に関しては、いわゆる歌唱用のカラオケ映像というよりは、カラオケをより盛り上げるために演出された観賞用のスライド映像だと言える。

12 同様の発言は、入江に行った2014年9月26日調査時のインタビュー内容——「卒業してから今の時代になってね、やっぱり校歌を覚えようかっていう人も多いのよ」——にも存在する。

13 画面左上のテロップを参照すれば、入江によって2000（平成12）年12月15日に撮影された北九州市立大学のキャンパス景観映像のこと。

14 筆者が2016年夏に本章のもとになった2016年の査読付き論文「音楽による想起がもたらすコミュニケーションデザインの可能性 ——歌声スナック「銀杏」における同窓会現場を題材に—」（『京都精華大学紀要 第49号』, 京都精華大学全学研究センター）を入江に郵送した際、彼女からお礼の電話とともに「あり合わせで編集するときも時折あるが、三四会の際のカラオケ映像に関しては、幹事Eからのオーダーが同窓会開催の間近だったため、到底制作が間に合わなかったという理由もある」という補足を改めていただいた。入江の名誉のためにも、この後日談は付け足しておく。

15 そもそも一般の映画においても、脚本の舞台とは違う地域の映像がロケハン・撮影されていることは往々にしてあろう。但し、ここでの映像は、一般に公開される映画とは違って、「銀杏」の客一人ひとりの個人的な記憶の想起のために作られたものである。それにも関わらず、そういった別の地域の映像が紛れ込んでいること自体に、映像の「真正性」を揺らがす問題が含まれていると考えられる。

16 とは言え、この映像も2000（平成12）年12月15日に撮影されたという意味では、もうすでに過去である。ただ、キャンパス景観が「現在」の雰囲気につながるような「現代に近い過去」という意味として、この場では機能していると言えよう。

参考文献：

・朝倉龍太郎, 1999,『山と校歌―中学校校歌にうたわれている山地』二宮書店

・宮島幸子, 2008,「校歌の文化的役割」『京都文教短期大学研究紀要47』, 京都文教短期大学

・宮島幸子, 2009,「校歌の歌詞に見る心の原風景」『京都文教短期大学研究紀要48』, 京都文教短期大学

・宮島幸子, 2012,「音楽アイデンティティを考える」『京都文教短期大学研究紀要51』, 京都文教短期大学

・宮島幸子, 2016,「歌い継がれなくなった校歌：閉校式フィールド・ワークを通して」『京都文教短期大学研究紀要54』, 京都文教短期大学

・折原明彦, 2006,『校歌の風景―中越地区小中校歌論考 増補版』野島出版

・「北九州市立大学応援団」ホームページ（最終アクセス：2016年7月15日）

・渡辺裕, 2010『歌う国民―唱歌、校歌、うたごえ』中公新書

・黄順姫（＝Whang, Soon-Hee）, 2007,『同窓会の社会学―学校的身体文化・信頼・ネットワーク』世界思想社

初出：

・アサダワタル, 2016,「音楽による想起がもたらすコミュニケーションデザインの可能性―歌声スナック「銀杏」における同窓会現場を題材に—」（査読付き投稿論文）,『京都精華大学紀要 第49号』, 京都精華大学全学研究センター

第5章

総合考察
―「想起」という経験、「音楽」という
経験に立ち返って―

本書ではこれまで、音楽実践が持つ幅を指し示すなかで、人々の日常生活における生き方や他者との関係性を捉え直すために音楽を能動的に「使いこなす」という視点を提示し、かつ、とりわけ音楽による想起の力の可能性、別の言い方をすれば音楽による新しい「想起の仕方」の発明を目指すために、様々な考察を行ってきた。そのうえで第3章では、筆者が企画したアートプロジェクト型のモデル実践「コピーバンド・プレゼント」と「歌と記憶のファクトリー」を、第4章では、より日常的な活動としてのカラオケスナックにおける同窓会および校歌斉唱にまつわる先駆的な実践地「銀杏」といった事例研究を取り入れることで、考察の具体的な手がかりを得てきた。

　本章では、このような「音楽×想起によるコミュニティデザイン」を、前述してきた知見を発展させる形で、より様々な社会背景を持つ現場において応用できるよう、さらなる演繹化に努めたい。そのための手順として、まず「想起」という経験の質を今一度精緻に分析することを通じて、第2章において造形芸術などの事例を導入しながら述べてきた「想起の仕方」のバリエーションについて具体的に整理する。そして、その「想起の仕方」の発明において鍵となる「音楽」という存在が、その想起の過程において、人々のアイデンティティや他者との関係性の構築にどのような役割を果しうるのかを、第1章においても触れた「音楽アイデンティティ」の議論をさらに発展させる形で解き明かしてゆこう。

第1節 「想起」という経験の質

　アライダ・アスマン（Assmann, A 2006 = 2007）は「想起とは、原則として再構成する行為だ。それは常に現在から出発するため、想起の対象が呼び戻されるとき、その対象はずらされ、変形され、歪められ、再評価され、更新される」（44）と述べ、また安川晴基（2008）は記憶にまつわる言及において、歴史と対置して「過去の客観的な再現に対して選択的な再構成のプロセスの強調」（298 ※傍点ママ）と述べた。つまるところ想起とは、想起者による過去の能動的かつ選択的な再構築行為であることは、既に第2章において確認済みだ。言い換えれば、過去とは想起されることによって現在の時点から常に「語り直す」可能性を孕んだ産物だということである。したがって、想起を通じて過去を物語る行為とは、「過去を素材にしながら現在における新しい自己を再生産してゆくプロセスそのもの」とも言えるであろう。

　しかし、想起という経験が持つ特徴として、これらの「再構成主義」、あるいは「改変可能性」のみが語られるのであれば、個人の想起によってその個人が生きた他者との関係性やより広い意味での時代的背景や社会的事実などが、時として隠蔽されたり、あるいは極端に美化（いわゆる脚色）されたりするといった危惧も生まれるだろう。その際に、倫理的な態度として自由な想起を抑制するといった考え方も時には必要[1]かもしれない。

　ここで筆者は、想起とコミュニケーションにまつわる様々な分析を

第5章　総合考察　145

行う高木光太郎（1996, 2006, 2011）と松島恵介（2004, 2005, 2014a, 2014b）の知見を引用しつつ、想起におけるいくつかの鍵概念を導入することで想起という経験の幅を吟味し、翻って第3章と第4章で取り上げた実践事例における想起という経験の質の再分析を試みたい。

①-1　想起における「身構えの回復」

　高木や松島が、その想起論を展開するうえで度々参照する重要な映画がある。第2章で述べた港（1996）の想起論においても紹介されたクロード・ランズマン監督の『ショア』（Lanzmann 1985）である。『ショア』は、600万人もの人々が殺戮されたとされるホロコーストの歴史を、当事者の声を集めて見つめ直すドキュメンタリー映画だ。ナチスの収容所から奇跡的に生き延びたユダヤ人、そのユダヤ人を連行した元ナチス親衛隊員、連行されるユダヤ人をただ見届けるしかなかった収容所付近で暮らすポーランド人の記憶の「語り＝証言」のみが9時間半という長大な時間をかけて展開されるこの映画には、再現映像はおろか、一切の記録映像も映し出されない。むしろ、ここで如実に示されるのは、その過去の出来事を「語る」ということの不可能性そのものである。

　高木（1996）によれば、ランズマンはインタビューに際して出来得るかぎり「語り」としての「想起」を排除しようと努めているのだという。そこで注目されるのが、想起者に当時の仕草や歌を再現させる、また当時の現場を再訪させるといった、身体性を伴う演出を施した点だ。このことで、想起者がかつての現場において持っていた身体の動

きを撮影時において再演させる「身構えの回復」といった新たな「想起の仕方」を発明し、さらには、我々映画を観る第三者がその身構えを受け取ることで想起者の体験した出来事を知覚レベル——意味レベルを越えて——で追体験することを目指しているというのが、高木のランズマンに対する分析である。

　高木は「ホロコーストという出来事を『実物大に復元する』ためには、全く『新しい形式』を作りだすことが必要」(227)と述べながら、理想の想起のあり方について以下のように述べる。

　　出来事を言語的表象の中で再構成する試みは、常に、こうした「出来事の時間逆行的な意味づけ」、つまり出来事の非 - 出来事への従属という契機をはらむものである。そうであるならば出来事を「実物大に復元」するために、どのような方法をとればよいのだろうか。一つは、こうした非 - 出来事の侵入を徹底的に排除するような想起をめざすことであろう。(226)

　こうして高木は、「物語る＝非 - 出来事」を排した想起、すなわち「身構えの回復」による想起を提唱する。また、松島(2014a)は高木の議論を受け継ぎながら、「身体の構え」といった言葉を用いて以下のように述べている。

　　想起を行う主体にとって、かつての知覚は再現されないし、過去とは本来的に不在である。しかしながら、われわれは想起という活動によって、かつての〈身体の構え〉を復活させ、それが向かっていた対象に再びアプローチを試みることができるのである。不在の対象自体は甦るべくもない

第5章　総合考察　147

が、対象と自らの身体との関わり方それ自体は再び現れるのである。とすれば、そこには主体にとっての「不在物のリアリティ」と呼べるようなものの現れを認めてもよいだろう。高木のいう「身構えの回復」論は、そこからさらに一歩進んで、想起の主体ばかりでなく、それを聴く者にとっても感知可能な「不在物のリアリティ」を現出させるものである。(32)

　一方で松島は、このような「身構えの回復」による想起は、『ショア』のテーマであるホロコーストなど、そうした「特殊な」出来事を対象にするのみではなく、より日常的な出来事の想起においても成立可能であるかと問いつつも、そもそも他者に記憶を伝承するという問題に関しては常に「特殊な語り」が付きまとうことを強調する。その特殊性の現われとして指し出されるのが「反復」という概念だ。引き続き松島のテクストを引用しよう。

　われわれは、〈身体の構え〉が異なることを前提に、不在物のリアリティという記憶の本質が他者に伝えられる可能性を検討せねばならない。この大きい困難はいかにして解決しうるのだろうか。(中略)
　ひとつの打開策として、ここで〈反復〉という新たな時間を導入してみたい。想起の反復、そして、想起を聴くことの反復、である。
　想起の語り手と聴き手との間で〈身体の構え〉が異なったとしても、語り手が想起を反復して語り、また聴き手がそれを繰り返し聴き続けることで、そこに何か新たな理解といえるようなものが発生する可能性は期待できないだろうか。(32-33)

　松島はこのように述べ、高齢者や苛酷な災害経験をした人々との対

話の機会が多い看護師や、高齢者施設に携わる介護職員などが聞き手となって、想起者の語りを繰り返し繰り返し聞くうちに生まれる、ある「理解」のあり方について以下のように述べる。

彼ら彼女らは、自らが経験したことのない戦時中の様子や酷い災害時の状況、また、現在とはかけ離れたかつての暮らしぶりなど、明らかに〈身体の構え〉が異なる出来事を多く聴くことになるわけだが、長期にわたり何度もそれらを反復して聴くことで、その人々が向かっていた世界像がすこしずつ見えてくるとともに、その人びとのかつての生き方がしだいに感じられてくる、というのである。
われわれのことばでいえば、ここでいわれる「見えるようになって来る〈世界像〉」とは、過去となった〈不在物のリアリティ〉であり、「感じられてくる〈かつての生き方〉」とは、過去の世界にむかっていたそれぞれの〈身体の構え〉の有り様である。（中略）
看護師や施設職員は、自らに語られる想起を、認知的に・論理的に・合理的にただしく理解していく、というよりは、「すこしずつ見えてくる」とか「しだいに感じられてくる」というかたちで、すなわち身体をベースにした漸進的な知覚感覚的な理解が生じているのだと思われる。（中略）これをわれわれのことばで表現するならば、〈身体の構え〉が少しずつながら聞き手に伝播し共有されつつある、といえるかもしれない。(33)

　ここで重要なのは、想起者の身体や身振りを前にした語りを、一度のみならず何度も「反復」して聞き続けるという、聞き手側の経験の質の存在である。高木による想起者自身の「身構えの回復」、その論を引き継ぐ形で展開する松島による「反復」的想起を通じた「身体の構

第5章　総合考察　149

え」の聞き手への伝播。これらは、これまで本書で度々触れてきた想起の「再構成主義」や「改変可能性」と言った機能とは異なる経験の質をもたらしていると言えるだろう。

　ここで再び高木（1996）の『ショア』にまつわる論考を引きたい。高木は「身構えの回復」論の中でも、映画冒頭に登場する元最年少ユダヤ人捕虜であるスレブニクや元ナチス親衛隊員のズーホメルによる「歌」に着目する。

　スレブニクが歌うこのシーンでは、ホロコーストの現場と再会した彼のシルエットつまり身構えをとおして、ホロコーストを直接知覚可能なものとして示すことが目指されている。

　したがってまず必要なことは想起を停止することである。想起は場と証言者の間に介在し、身構えの回復を妨げるからだ。それゆえランズマンはスレブニクに歌うことを求めている。語りではなく、「歌」という身ぶりの反復を求めることで、場とスレブニクの間に想起が侵入することを制止しているのである。そしてあの時と同じ風景と静けさの中で、あの時と同じように小舟に乗って歌うことで、スレブニクはあの時と同じ身構えを見事に蘇らせている。（中略）

　スレブニクが現在のものとして向かい合っているホロコーストをも同時に直接的に知覚するのである。（230 ※傍点は引用者による）

　歌う彼の身構えに、あの出来事の渦中にあった彼の身構えの反復を見ること、そしてその身構えの向こうにズーホメルの出会ったあの出来事を知覚すること、これこそがもとめられたのだ。（234 ※傍点は引用者による）

そして高木は、この「歌」による「身構えの反復」という想起の経験の質を以下のようにまとめるのだ。

> おそらく『ショアー』のあらゆるインタビューが証言者たちに想起することではなく「歌うこと」を求めている。ランズマンは、証言者たちに過去を語らせる。ただし過去に見たもの、過去に聞いた者、過去にかいだ匂いを、あるいは彼らの身ぶりを、つまり彼らの経験の意味ではなく、彼らが知覚したことがらをである。証言者の語りが、出来事の知覚的経験や動作の次元を志向するものへと強く方向づけられ、想起が徹底的に排除される。このことによって証言者は現場で歌うときと同じようにあの出来事に直面し、身構えを回復する。(234)

　ただし、松島（2014b）も指摘している通り、高木（2006,2011）は、前述してきた自身の「身構えの回復」論に対して後に再考を施している。端的には、「身構えの回復」とはいえ、聞き手が想起者の身構えを媒介として同じように過去の出来事を知覚できると考えるのは適切ではなく、むしろそこにあるのは「不在」の徹底した「底知れなさ」であるという論への展開だ。

①-2　想起における「不在」とディスコミュニケーション

　そもそも想起の現場において、聞き手が「不在のリアリティ」を知覚するとはどういった経験なのだろうか。その問いに答えることは、これまで一言で「身構えの回復」と述べてきた「想起の仕方」がもた

第5章　総合考察　151

らすコミュニケーションの内実を知ることへとつながるだろう。

　ここでまず高木（2011）にならって、改めて想起という経験の質を
あえて「ディスコミュニケーション」という視点から検討していきた
い。高木によれば想起とは、そもそも過去にある出来事を体験した想
起者がそれを体験していない聞き手に対して、聞き手が構築した「想
像された対象」が想起者の想起対象と一致している保証がどこにもな
いにも関わらず、なんとなくお互いが「同じもの」を見ているであろ
うと無根拠に信じたうえで成立するコミュニケーションであるとし
（141）、そのうえで以下のような定義を明確に施す。

> 「現在の環境のなかで他者が参照することのできない『何か』について語
> る」ことをしながら、互いに相手を「同じもの」を見ていると無根拠に
> 信じてコミュニケーションが展開されている状況を、ここでは「ディス
> コミュニケーション」と呼ぶことにしよう。（142）

　そして、この想起におけるディスコミュニケーションの内実を、ジ
ェームス・ギブソン（Gibson 1979）の生態学的知覚理論の立場から記
憶の問題を論じた佐々木正人の論考（佐々木 1996）を手がかりとしつ
つ、想起とは、「過去」と「現在」の二重性を伴うなかで想起者が行う
環境探索の一種であると述べる（高木 2011, 142）。そして、この二重性
の探索経験は以下の三種類に分類される。

> 新事象：過去に経験していない出来事が現在の環境に生じている
> 　　　　＝「かつてなかったものが今はある」
> 旧事象：過去に経験した出来事が現在の環境にも生じてる

> 　　　＝「かつてあったものが今もある」
>
> 不在：過去に経験した事象が現在の環境には生じていない
>
> 　　　＝「かつてあったものが今はない」
>
> 　　　　　　　　　　　　　　　　　　　　　　　（142）

　ここでこれまで述べてきた「不在」の定義が固まったわけであるが、改めて『ショア』における想起者の「身構えの回復」において試みられてきたのは、この「かつてあったものが今はない」ことを聞き手へいかにして共有・伝播するかという問題であると言えるだろう。しかし、それはもちろん容易なことではなく、その共有・伝播のプロセスはそのままディスコミュニケーションの積み重ねとして立ち現れることとなる。高木は、そのプロセスを以下のように整理する。なお、ここで言う「回想（者）」は「想起（者）」という言葉に置き換えても差し支えない。

> 回想の聞き手にできることは、そこにどのような対象＝不在が採集されるのか、（あるいは探索されないものが）予想し難い状況のなかで、半ば当て推量的に現在の環境の様々な部分を指し示し、回想者の応答を待つこと、そして回想者が探し当てた不在を慌てて後追いすることしかない。「当て推量」と「後追い」。回想の聞き手は、こうして回想者の言葉と環境の間を不安定に往復し、不在を探し求めることになる。（146）

　そして高木は、この聞き手の「当て推量」と「後追い」、そして不在を捉え損なって再び「当て推量」と「後追い」に戻るというサイクルを徹底的に経験すること自体が、「他の形式では得ることのできない過

去の出来事の『リアリティ』が立ち現れる」（148）経験だと述べる。
以下、引用する。

> 目撃者の身構えは過去の出来事に向かってしっかり定位されるのではな
> く、環境に開いてしまった「不在の穴」の前で不安定に揺らぐ。それは
> 旧事象の発見であると同時に、不在のものたちをめぐって終わることな
> く繰り返される探索の失敗である。非目撃者は目撃者の身構えを通して
> 過去の出来事を直接摑むのではない。探索の失敗に揺らぐ目撃者の身構
> えを通して不在の穴を発見し、目撃者とととともにそれを覗き込むのであ
> る。（高木 2006, 55）

　改めて議論を整理しよう。「身構えの回復」論によって想起者が過去
に経験した出来事が聞き手に知覚レベルで共有・伝播されるという論
が、高木自身によって修正されたことは既に述べた。しかし、それは
「身構えの回復」論そのものを否定したわけではなく、むしろ、聞き手
に知覚されるのは、想起対象そのものではなく「不在のリアリティ」
であり、その「リアリティ」を共有するために大切なのは、想起にお
けるディスコミュニケーション的サイクルを踏まえた経験を徹底して
行うという逆説的事実なのであった。また一方で、松島（2014a）の
「反復」の議論を参照すれば、通常の語りであってもそれが繰り返し繰
り返し行われることによって、やがて「身構えの回復」を伴いながら
相手に知覚レベルでの理解を促す可能性があることも考えられるだろ
う。したがって「反復」とは、語りによる想起と「身構えの回復」に
よる想起を接続する役割を担っているとも言える（表5）。
　しかし、想起の経験は果たしてこのような整理だけで語られるもの

表5：高木、松島の議論を元にした想起の経験の質の分類表

	想起経験A： 語りによる想起	想起経験B： 身構えの回復による想起
共有レベル	意味的共有 非一出来事（物語など）に 依存	知覚的共有 出来事そのものをできるだけ 等身大に伝播
共有手法	語り	身体 （歌、当時の仕草などの再演）
コミュニケーションの 特徴	選択的再構成、改変可能性	「不在のリアリティ」を重視した ディスコミュニケーション性

であろうか。ここで筆者が改めて着目したいのは、「聞き手の能動性」の存在である。想起の聞き手は「想起経験A」においては、再構成された想起者の語りをただ受け入れるだけの存在であり、「想起経験B」においては、「当て推量」と「後追い」と「不在の捉え損ね」をただ戸惑いながら繰り返すだけの存在なのだろうか。そうではなく、想起者の想起をより深め多様化させるための新たな「想起の仕方」を想起者に対して仕掛けてゆく、そういった能動的な実践者としての聞き手の存在こそが重要であると、第3章、第4章における事例考察の結果を踏まえた上で筆者は強く主張したい。まさにランズマン自身が「聞き手」として、想起者に対する想起の「仮設的手がかり」（高木2006, 57）——歌と現場の再会や歌の反復、元理髪師による散髪行為の再演など——を様々に駆使し、彼らに「身構えの回復」をもたらしたように、聞き手の存在こそが受け身の聞き手というイメージを越えて、想起の「メディエーター」となりえることを、より強調してもよいのではないだろうか。

①-3 聞き手による「表現」としての想起

　ここからは、前述してきた想起の経験の質を通じて、第3章と第4章で紹介してきた実践事例の再分析を試みたい。

　まず第3章の「CBPB」において想起者として想定されている児童の親が、子どもの頃に聴いた音楽とともに当時の自伝的記憶を児童に語るのは、表5における「想起経験A」と言えるだろう。しかし、児童の親がYouTubeや押し入れに眠っているCDを通じて実際にその曲を聴きながらそれを口ずさむ行為が存在したとしたら、どうだろうか。それは「歌う」という「身構えの回復」を通じた出来事の伝播という性質を帯びた「想起経験B」に限りなく近づいていく、と言えるのかもしれない。また、聞き手である児童たちが親たちの記憶を引き継ぎながら、コピーバンドとしてその歌を実際に練習・演奏するといったプロセスを経た場合、その演奏に立ち会った際に、親たち想起者に起きている想起とは一体どういった経験なのであろうか。ここには児童たち聞き手によって親たち想起者の想起対象が吟味され、明らかに「再構成」し、「改変」した記憶が反映した状態（聞き手による「想起経験A」）を経たうえの演奏が行われているわけだが、しかし、同時に「歌」という身体性を伴うかたち（聞き手による「想起経験B」）で、改変された想起対象が本来の想起者である親たちに返されている。

　また「歌と記憶のファクトリー」においても、想起者である教職員の思い出の音楽を、聞き手である児童たちがプレイルームに持ち込まれたカラオケシステムで歌ったり、あるいは展示制作を通じて表現するプロセスが存在している。ここで想起者と聞き手の間に生成されているコミュニケーションには、表5を参照するのみでは説明できない

経験の質が宿っていると考えられないだろうか。

「銀杏」における同窓会現場はどうだろうか。ここでの想起者は同窓生であり、聞き手はママである入江だ。最初に同窓生の幹事が校歌のオリジナルカラオケ映像制作を入江に持ちかける際に、その幹事の学生時代の自伝的記憶を入江が聞き取るところから、一連の想起のコミュニケーションが始まる。卒業アルバムを持ち込みながら幹事が入江に語る際には、「想起経験A」が存在しているだろう。しかし、校歌のカラオケ音源と歌詞を入江に手渡しながら試しに「歌う」としたら、ただの語りでの伝播を越えた「想起経験B」に近づくかもしれない。そして、入江が自身の足で撮り集めた映像を元に制作された、――時としてありあわせの映像や入江の個人的記憶までもが紛れた映像が入っていることもある（聞き手による「想起経験A」）――校歌のオリジナルカラオケ映像という入江による渾身の表現（聞き手による「想起経験B」）が手渡されたとき、同窓生たち想起者は一体どういった類いの想起を経験していると言えるのだろうか。

ここで起きているコミュニケーションの最たる特徴は、想起者によって想起された出来事が聞き手によって「再演」されるという点である。ただ単に「あなたが言っていることはこういうことでしょう？」と語りによって「確認」するだけであれば、意味レベルにおける正しさの確認、あるいは、聞き手による「想起経験A」が必然的に孕む一方的な再構成や改変を経た出来事の語りという行為となり、想起者にとっても「それはその通りだ」とか「いや、それはそうではない」といった「承認」行為に近い応答がなされるのみであろう。しかしここでは、この「意味の確認と承認」といったコミュニケーションを越える経験が存在しているのだ。すなわち聞き手が語りのレベルを越えて、

第 5 章　総合考察　157

身体性を駆使した「表現」——演奏や展示制作、映像制作など——を通じた「再演」を行っているという点である。もちろん、聞き手が一足飛びに想起者の想起対象を「表現」化し「再演」するわけではなく、もともと想起者自身の「身構えの回復」としての「歌う」行為が存在したからこそ、その知覚レベルにおける伝播の存在を現すために、語りによる「意味の確認と承認」を越えた形でのパフォーマティブな「想起経験B」を聞き手自身が発明しているという点が特徴なのだ。

その身体性を伴った「再演」を受け取った際、想起者は仮にかつて体験した出来事とは異なるニュアンス、すなわち「違和感」を感じたとしても、そこでは「そこまで力を尽くして再演してくれた」という、

表6：高木、松島の議論を元にした想起の経験の質の分類に、
　　　筆者が想定する「想起経験X」を新たに付け加えた分類表

	想起経験A：語りによる想起（通常の「想起」イメージ）	想起経験B：身構えの回復による想起	想起経験X：聞き手による想起が「表現」として受け渡された際の想起者による再想起
共有レベル	意味的共有 非一出来事（物語など）に依存	知覚的共有 出来事そのものをできるだけ等身大に伝播	違和感がありつつも敬意と批評性を伴った知覚的共有
共有手法	語り	身体（歌、当時の仕草などの再演）	表現（演奏、展示制作、映像制作など）
コミュニケーションの特徴	選択的再構成、改変可能性	「不在のリアリティ」を重視したディスコミュニケーション性	「能動的な聞き手＝メディエーター」の「表現」を介すことによる、違和感を伴いつつも、より多様で充実した語りと関係性の構築の可能性

（表中央に縦書きで「反復」）

聞き手に対する敬意が先立つ。また当然、敬意だけではなく、その「表現」化された「再演」に関しては意味レベルを越えた知覚レベルにおける、——まさに芸術に対しての批評がそうであるように——批評性や質的評価といった視点が自然と導入されることであろう。この想起者が聞き手（の「表現」）に対する「敬意」と「批評性」という視点を踏まえて再想起する経験を「想起経験X」（表6）と名付けよう。ここには能動的な聞き手、すなわち「メディエーター」としての役割が注目され、想起者が最初に抱く「違和感」をむしろさらなる想起の深みや多様性へと押し広げ、より充実した語りと関係性の構築をもたらす可能性が存在しているのではないかと、筆者は考えるのだ。

　さて、本節では「想起」という経験の質を、主に高木と松島の想起論をもとに分類することで、筆者が実践事例において想定してきた新たな「想起の仕方」の特徴を理論的に整理してきた。ここで未だ残っている課題は、ではなぜ「歌」などを中心とした「音楽」が、想起の経験において重要な役割を果すのか、という点である。筆者が企画し

表7：第2章で紹介した規程の「想起」イメージにまつわる概念整理表「表2」に、「想起経験X」を踏まえた「想起の仕方」を追記した整理表

想　起	思い出す行為
想　起　者	思い出す主体
想　起　対　象	・音楽など想起を促す対象物そのもの ・想起者がかつてその対象物に触れた体験 ・その体験から思い出される自伝的記憶
想　起　の　仕　方	・物（音楽など物質を伴わないメディア芸術も含めて）との出合い ・想起者自らがその物に対する体験を再現するような行為（音楽であれば口ずさむなど） ・想起者の想起を受け止める「聞き手」との対話 ・「能動的な聞き手＝メディエーター」による、想起者の想起対象をもとにした「表現」との出合い

た「CBPB」も「歌と記憶のファクトリー」も、また参与観察を重ね
てきた「銀杏」の事例も、すべて「音楽」という経験を通じた「想起」
の経験を命題にしてきた。児童たちや入江は、彼ら彼女らにとって（家
族であっても自己ではないという意味において）他者である想起者が経験し
た出来事や当時の感覚を、音楽という経験を通じて内面化し、さらに
そこから再度、その音楽を踏まえた「表現」として外在化し、それが
想起者に返される。そのときに、想起者が行う再想起のプロセスにお
いて、どのような「音楽」経験がなされ、その経験が想起者の新たな
自己形成へどのように反映されているのだろうか。この問いに答える
ことで、音楽を通じた再想起によって生まれ変わる想起者とそれを促
した聞き手が新しい関係性を結び合う、そのコミュニケーションの内
実に迫ることができるだろう。

　ここまで来て我々はようやく、第2章で整理したいわゆる規程の想
起イメージに対して、再考を促さなくてはならない。つまり「想起の
仕方」のバリエーションとして、「想起経験X」を踏まえた有り様を加
える必要があるのだ（表7）。

第2節 「音楽」という経験の質

　ティア・デノーラをはじめとした音楽社会学者や、デイヴィッド・J・ハーグリーヴスら音楽の社会心理学者たちが、こぞって「アイデンティティ」という概念に着目していることは、第1章において確認済みである。ハーグリーヴスらは、

> 音楽はコミュニケーションの基本的なチャンネルであり、話し言葉と同様に、新しいアイデンティティを創造したり既存のアイデンティティを変化させたりする媒体となりえます。自伝的な語りを通して自己を絶え間なく構成あるいは再構成することは、言語と同じように音楽においても起こりうるのです。（Hargreaves他 2011, 16）

　と述べながら、「音楽アイデンティティ」という概念を提唱している。また、デノーラは「音楽的材料は、自己アイデンティティを苦心して形成するための、用語と枠組みとを提供する」（DeNora 1999, 50）と述べ、サイモン・フリスはこれらデノーラの論考を参照にしながら、「音楽は「自己のテクノロジー」として、人々が記憶やアイデンティティや自身の自律性を構築する方法として、極めて重要なものとなった」（Frith 2003 = 2011, 109）と応答した。
　繰り返すがここで注目されるアイデンティティ概念の解釈には、「確固たる（不動の）自己」といった理解ではなく、自己を動的な存在とみ

なし、日常生活における経験や環境、他者とのコミュニケーションを通じて絶えず変化するという考え――社会構成主義的自己論――が前提にある。つまり、アイデンティティとは、「自己はこうである」という静的な一点ではなく、「自己はこう動き続けている」という移動プロセスの経験自体を指す。

　改めて本節では、フリスの論考「音楽とアイデンティティ」（Frith 1996 = 2001）の分析を通じて、「音楽」という経験が自己形成やコミュニティ形成にとってどのような役割を果し得るかについて確認し、本書のテーマ「音楽×想起がもたらすコミュニティデザインの可能性」を解き明かすための結びの考察としたい。

②-1　アイデンティティ経験としての「音楽」

　フリスは、通常音楽がそれを聴く（あるいは消費する）人々や共同体のアイデンティティの表象として、別の言い方をすれば音楽とリスナー共同体の相同的関係性に着目されて語られる状況――例えばパンク・ロックの破壊的なギター音がそのリスナーたちを反体制的な集団とみなす、と言ったように――に対して、音楽とはそのようなアイデンティティの表象ではなく、「アイデンティティの移動・変遷的経験そのもの」であることを強く主張する。以下、いくつか引用しよう。

> 音楽は最初にそれをつくり、使った人々によって〈形成〉されながら、経験のなかでそれ自身の生命をもつようになる（189 ※傍点は引用者による）

問題は、特定の音楽作品あるいは演奏がいかに人々を映しだすかではなくて、人々がいかに作品や演奏を生み出し、個人的および集団的アイデンティティの双方を〈持つ〉ことによってはじめて意味を持ちうるようなひとつの経験——音楽的経験、美的経験——を創造し、つくりあげるのかということである。言い換えるなら、美学はひとつの対象の質ではなく、経験の質を記述する。すなわちそれは、世界だけでなく〈われわれ自身〉を違うやり方で経験することを意味している。(同 ※傍点は引用者による)

また、フリスはこの主張の前提として、以下の二点を述べている。

第一に、アイデンティティは〈移動しうる〉のであり、事象ではなくプロセスであり、存在ではなく生成変化であるということ。第二に、われわれの音楽経験——音楽制作と音楽聴取の経験——は、この〈プロセスにおける自己〉の経験としてもっともよく理解されるということである。(同)

　第一の前提は社会構成主義的自己論として確認済みだが、ここでは第二の前提が重要だ。フリスが主張するのは、アイデンティティという経験は、他者との間で成されるコミュニケーション的な、つまり社会的なプロセスそのものであると同時に、その経験自体が美的なプロセスを孕むという点である。さらにフリスは、その「アイデンティティにおける美的経験を形づくるための形式としての音楽」に着目する。まず、音楽という形式は、「音が視覚よりも、また時間が空間よりも重要であるような形式」(190-191)であり、かつ、「『テキスト』がパフォ

第5章　総合考察　163

ーマンスであり、動きであり、流れである」（191）といった形式である。その音楽の形式的特徴を指し示したうえで、フリスは「アイデンティティは事象ではなくプロセス、音楽としてもっとも生き生きと把握される経験的なプロセス」（同 ※傍点はママ）とし、以下のようにまとめるのだ。

> 私が言いたいのは、ある社会集団が持つ諸信念が彼らの音楽のなかに表されるというようなことではなく、美的実践としての音楽が、集団の関係性と個人についての理解をともに音楽そのもののなかに表しており、その理解をもとにして、倫理的なコードと社会的なイデオロギーが理解されるということである。
> 言い換えれば、私が示したいのは、社会集団はその文化的な活動のなかに表現される価値について含意しているということ（相同性モデルという仮説）ではなく、社会集団は文化的な活動をとおして、美的判断をとおしてはじめて、グループとしての（個人的、社会的な関心、同一性と相違を共有する特定の組織としての）自己を知ることになるということである。音楽制作は、認識を表明する方法なのではなく、認識を生きる方法なのである。（192 ※傍点はママ）

　ここで改めて問いたいのは、音楽による想起がもたらすコミュニケーション──想起者による聞き手への語り、想起者同士の対話、語りや対話によるアイデンティティの更新、想起者同士や聞き手も含めた新たな関係性の獲得など──において、具体的にどのような美的プロセスが存在しているのか、ということである。とりわけフリスも「演奏から聴取へ、演奏の一形態としての聴取へと拡大したい」（同）と述

べるように、筆者がたびたび強調してきた「能動的な聴取」という音楽実践のもとでの想起であり、さらには筆者が想定してきたコミュニケーションの結果生み出された「想起経験Ｘ」においての美的プロセスについて、である。

②-2 「新たな聴取」という美的経験の生成

　では、「想起経験Ｘ」における聞き手の「表現」化としての音楽実践を事例に即しながら、そこで生成される美的プロセスについて分析してみよう。

　「CBPB」において児童の親たち想起者、「歌と記憶のファクトリー」において児童の教職員たち想起者が、子どもの頃に聴いていた楽曲にまつわる想起。それは、児童たちが聞き手になることで促進され、さらには児童たち聞き手による「表現」（コピーバンド演奏、展示制作）化という名の「再演」によって、想起者の親や教職員たちに再想起を促す経験であることは既に述べた。それは、我が子によって演奏された『そばかす』や『Ｍ』、教え子によって歌われ展示化された『Runner』や『モニカ』などを通じて、「自分は（あの当時その曲を聴いた）かつてからの自分であると当時に、今まさにこの子たちの親（先生）である」という個人と共同体（家族、学校）のアイデンティティ双方を更新させる経験となったであろう。

　しかし、それだけではフリスの言うところの「グループとしての自己を知る」という社会的経験のみを扱うことになってしまう。これら音楽独自の想起経験を通じて筆者が強調したいのは、このアイデンテ

ィティの経験自体が同時に、——同じ楽曲であるにも関わらず——これまでの『そばかす』や『Runner』とはまったく異なる「新たな聴取」、あるいは「聴取の仕方」を生み出しているという、文字通り美的経験も共に獲得しているという点なのだ。

　そもそも「CBPB」や「歌と記憶のファクトリー」において題材となっている音楽は、言うまでもなくいわゆるポピュラー音楽である。ポピュラー音楽はその名の通り大衆的かつ産業的な流通を前提としているわけであり、できるだけ多くのリスナーに受け入れられる（売れる）ことを意図して制作されることが多い。そういう意味では実に不特定多数のターゲットに向けた音楽でありながらも、リスナー一人ひとりが勝手に「自分ごと」としてアイデンティティを投影しながら「自分の音楽」へと変えてゆくプロセスが、これらポピュラー音楽受容には存在していると考えられる。

　しかし、「CBPB」や「歌と記憶のファクトリー」においては、ある「特定」の親や教職員という人々が投影した「自分の音楽」としてのポピュラー音楽というあり様に、最初から着目したコミュニケーションがデザインされている。アンケートや取材を通じて、既に特定の人物が過去に経験した記憶を盛り込んだ状態での楽曲が児童たちに手渡され、それが児童たちには「初めて聴くその楽曲」として受容・聴取される。そして次に親や教職員たちは、その児童たちによって「表現」化されたそれら楽曲の演奏や展示制作に立ち会うこととなるわけだが、そこでは、かつてその楽曲を聴いていた当時の記憶と、さらにはこれら一連の児童たちとのコミュニケーション経験を盛り込んだうえでその楽曲を再聴取するという「二重の経験」が、存在するのだ。言い換えれば、新たな想起をもたらすこれらの実践や児童たちとの関係性自

体がさらなる想起の対象となって受容・聴取されるのである。親たち教職員たちは、次に『M』を聴く際には、児童たちが演奏してくれたあの『Ṁ』を通じてその「場」ごと想起することであろう。

　一方の想起の聞き手である児童たちにとっても、自分の母親や担任の先生が子どもの頃に聴いた音楽を彼ら彼女らの記憶とともに「なぞる」経験をすること自体が、単に「古い曲＝懐メロ」としてその楽曲を知る以上に独特な音楽体験を生み出していると言えるであろう。また、単に大人から楽曲や時代背景を教わったというだけでなく、親や教職員たちとの間で新たに共有できる記憶の再創造に貢献したという意味では、想起者と聞き手が実に双方向的かつ相互貢献的な関係性を生み出していると言えるのではないだろうか。

　次に「銀杏」の事例に即して考えてみよう。第4章において前述した黄順姫（2007）が指摘する通り、同窓生たち想起者が校歌を歌うことは「自らの身体に刻まれた過去の集合的記憶を、常に現在の時点から繰り返し想起、再構築し、ふたたび身体に刻んでいく」(9) 行為であり、彼ら彼女らは「現在にいながら、過去を喚起、再生し、その想像のなかで反省・熟考する空間」(10) や「自らの記憶の再構築作業を共同で行う空間」(同) に置かれながら、「もはや過去となった学校生活に、新たな意味を付与し、現在の日常生活に生かしていくこともある」(1) わけである。

　そして本来校歌とは、前述した「CBPB」と「歌と記憶のファクトリー」で取り上げたポピュラー音楽とは違って、コミュニティソングである。特定のコミュニティ——この場合は「三四会」——のメンバーとしての所属感やアイデンティティを色濃く反映したコミュニティソングとしての校歌は、当然、想起のツールとして非常に有効なもの

であり、コミュニティとしての強固な集合的記憶をもたらしながらそのメロディを展開させてゆく。そしてこの集団凝集性の高い同窓会現場において校歌が聴取・斉唱される際に、まったくメンバーではない入江という聞き手の「表現」（校歌のオリジナルカラオケ映像制作）が挟まることとなる。そのとき、同窓生たちは入江のカラオケ映像を見ながら校歌を歌うなかで、これまでとは違った想起対象を違和感とともに身体的に刷り込まれる。そして、ここから過去に対する多様な議論やさらなる想起対象の獲得――想起者の過去の「再構築」と「新たな意味づけ」――へと導かれる。黄の言うところの「現在の日常生活に生かしていく」ような、個人あるいは共同体的なアイデンティティの変遷経験を得てゆくこととなる。

　しかし、ここでも「CBPB」や「歌と記憶のファクトリー」と同じく、音楽という美的経験のなかで重要なのは、これら社会的なアイデンティティ経験とともに、――同じ楽曲であるにも関わらず――これまでの校歌――『北九州大学校歌』と『北九州大学逍遥歌』――とはまったく異なる「新たな聴取」あるいは、「聴取の仕方」を生み出している点だ。そして、この美的経験において想起者は、「銀杏」という特別な校歌の斉唱体験だからこそ手に入れることのできた新しい『北九州大学校歌』と『北九州大学逍遥歌』を通じて、そこでの関係性自体をまるごと想起対象として聴取・受容していくことだろう。いみじくも、入江が同窓会そのものを撮影し、翌年の同窓会において校歌映像にその際の映像をインサートする編集演出が、筆者の考察をまさに象徴しているように思える。

　また「銀杏」においても、想起者である同窓生と聞き手である入江の関係は相互貢献的である。入江の実践が同窓生の想起にもたらす貢

献については既に述べてきた通りだが、入江はこの実践を通じてより深く顧客の人生の懐に入り込むことで、通常のスナック経営の現場ではなし得ない顧客との関係性の構築、つまり社会的経験を実現している。さらにそれら社会的経験のみでなく、同窓生たちが入江に自身の記憶を提供することで、入江の「表現者」としての活動に一役買っている点が重要だ。入江自身が単に顧客に対するサービスという理由を越えたところ、自身のライフワークとしてこの実践を繰り広げていることは、第4章の考察で既に明らかにした。入江の実践は彼女自身にとって、深く愛好する音楽と映像制作を通じた美的経験そのものなのだ。

　以上のように筆者が考察してきた実践事例群は、「音楽」ならではの「想起」がもたらす美的経験と社会的経験が交差する具体的な実践の提案なのである。

注：
1 浜井（2017）らも述べるように、「歴史」と「記憶」との関係性から、「複数の歴史が存在すること」を念頭に置きながらも、一方で極端な歴史相対主義のもと、例えば南京大虐殺やホロコーストはなかったといったような「歴史修正主義」的な思考に陥ることに対しても、我々は常に注意を向けなければならないと感じる。

参考文献：

- Assmann, Aleida, 2006, Erinnerungsräume: Formen und Wandlungen des kulturellen Gedächtnisses, C. H. Beck.（＝安川晴基訳, 2007,『想起の空間：文化的記憶の形態と変遷』, 水声社）
- DeNora, Tia, 1999, "Music as a technology of the self", Poetics27.
- Frith, Simon, 1996, "Music and Identity"Stuart Hall & Paul du Gay, ed., Questions of Cultural Identity:Who Needs Identity, Sage Publications of London（＝宇波彰・柿沼敏江他訳, 2001,『カルチュラル・アイデンティティの諸問題──誰がアイデンティティを必要とするのか？』, 大村書店）
- Frith, Simon, 2003, "Music and Everyday Life" Martin Clayton, Trevor Herbert, and Richard Middleton, ed., The Cultural Study of Music, Routledge.（＝若尾裕監訳, 卜田隆嗣・田中慎一郎・原真理子・三宅博子訳, 2011,『音楽のカルチュラル・スタディーズ』, アルテスパブリッシング）
- Gibson, J.J., 1979, The ecological approach to visual perception, Houghton Miffin（＝古崎敬他訳, 1986,『生態学的視覚論─ヒトの知覚世界を探る』, サイエンス社）
- 浜井祐三子編, 2017,『想起と忘却のかたち 記憶のメディア文化研究』三元社
- MacDonald, Raymond A.R., Miell, Dorothy & Hargreaves, D.J., ed., 2002, Musical Identities, Oxford University Press（＝岡本美代子・東村知子訳, 2011,『音楽アイデンティティ：音楽心理学の新しいアプローチ』, 北大路書房）
- 松島恵介, 2004,「身体, 行為, 証言─「ショアー」における想起／忘却（Ⅰ）」,『龍谷大学社会学部紀要25』, 龍谷大学社会学部
- 松島恵介, 2005,「身体, 行為, 証言─「ショアー」における想起／忘却（Ⅱ）」,『龍谷大学社会学部紀要26』, 龍谷大学社会学部
- 松島恵介, 2014a,「〈記憶の伝承〉は可能か？（Ⅰ）：想起する身体について」,『龍谷大学社会学部紀要44』, 龍谷大学社会学部
- 松島恵介, 2014b,「〈記憶の伝承〉は可能か？（Ⅱ）：想起する身体について」,『龍谷大学社会学部紀要45』, 龍谷大学社会学部
- 港千尋, 1996,『記憶「創造」と「想起」の力』講談社
- 佐々木正人, 1996,「想起の「自然」についての覚書」, 佐々木正人編『想起のフィールド：現在の中の過去』新曜社
- 髙木光太郎, 1996,「身構えの回復」, 佐々木正人編『想起のフィールド：現在の中の過去』新曜社

- 高木光太郎, 2006,「「記憶空間」試論」, 西井涼子・田辺繁治編『社会空間の人類学—マテリアリティ・主体・モダニティ』世界思想社
- 高木光太郎, 2011,「回想とディスコミュニケーション」, 山本登志哉・高木光太郎編『ディスコミュニケーションの心理学：ズレを生きる私たち』東京大学出版会
- 黄順姫（＝Whang, Soon-Hee）, 2007,『同窓会の社会学—学校的身体文化・信頼・ネットワーク』世界思想社
- 安川晴基, 2008,「「記憶」と「歴史」：集合的記憶論における一つのトポス」,『藝文研究94』, 慶應義塾大学藝文学会

第6章

「想起の音楽」
現在地からの展望
──むすびにかえて──

本書は、音楽による想起がもたらすコミュニケーションが、人間関係を更新し、音楽の聴取のあり方までをも更新させてゆく、そういった創造的なコミュニティをいかにして生み出すか、この主題を解き明かすことを目的に展開してきた。研究対象となる事例では、特定のコミュニティ間で共有される楽曲が、そのコミュニティのメンバー一人ひとりの記憶を想起させつつもその状況に対してさらに「能動的な聴取」をきっかけにした新たな音楽実践が差し挟まれることで、メンバー間に多様な対話と想起を促し、その楽曲の存在を捉え直してゆくプロセスを精緻に記述してきたわけだ。筆者自らのモデル実践、そして参与観察とインタビューを重ねてきた事例研究を、音楽社会学や音楽による社会心理学をベースに、本書の鍵概念となる「想起」の美学研究、コミュニケーション研究も取り入れながら目的達成に迫ってきた。

　最終章となる本章では、本書で得られた知見を要約したのち、そこから導き出された議論をまとめる。そして最後に筆者が近年、福島県いわき市にて取り組んでいるアートプロジェクト「ラジオ下神白（しもかじろ）―あのときあのまちの音楽からいまここへ―」の現状を例にしながら、「音楽×想起によるコミュニティデザイン」の展望について語り、本書を締めくくりたい。

第1節 本書の要約

　第1章「音楽実践の「幅」をめぐる議論——「音楽する」とは何か——」では、筆者が「音楽×想起」という主題を意識するきっかけとなった大阪での実践事例を導入として述べ、音楽実践の「幅」をめぐる議論を、ポピュラー音楽研究や音楽社会心理学の先行研究から読み解き、その問題点の指摘と本書で目指すべき研究の現在地を明らかにしてきた。とりわけ「聴取」という音楽実践に着目しながら、音楽実践の幅を根底から押し広げたミュージッキング、能動的な聴取にまつわる議論、そして昨今のデジタル時代の作曲観の更新など、ポピュラー音楽研究の先行議論を概観した。一方で、これらの先行研究の多くが広い意味での「音楽産業シーン」として語られる現場の考察に偏重している点を指摘し、より日常生活の中で個々人が音楽をどのように「使用」しているかを追求する研究にも目を向けるように促してきた。とりわけ国外の音楽社会心理学の中で取り沙汰される「音楽アイデンティティ」という概念に着目し、「自己のテクノロジー」として人々が音楽をいかように「使いこなす」かを紹介してきたが、他者とのコミュニケーションにおいて音楽を使用する具体的な事例研究の蓄積が少ない点などの、課題も指摘してきた。

　第2章「想起をめぐる議論——想起に「創造性」という視点を与える——」では、記憶にまつわる基礎概念の整理から、まず「想起」という行為の規程のイメージを指し示したうえで、音楽実践における「想

第6章　「想起の音楽」現在地からの展望　175

起」という行為を通して議論されたものを中心に考察してきた。従来の音楽研究におけるこれらの議論は、とりわけ国内においては「懐かしさ」という感情を扱った高齢者医療・福祉施設における音楽療法の臨床研究が多く、クライアントへの治療効果を実証的に研究する内容に偏ってきた。近年では、団塊世代を対象にしたノスタルジア市場など、音楽による「懐かしさ」をテーマにした文化社会学的研究も多く見られるが、いずれにしても音楽から生まれる「想起」という行為そのものを「音楽実践」の重要な要素として位置づける研究は未だ少ない点を指摘した。そこで音楽と「懐かしさ」を巡る議論を一定整理しつつも、「想起」という行為に単に「過去を再生」するといった意味以上の批評性を与える視点を、主に国外の造形芸術を取り巻く美学的、文化社会学的議論から導入した。ここでは後続する事例研究を紐解くうえで必要となる、——造形芸術のみならず——音楽ならではの新たな「想起の仕方」の発明が、人々の想起によるコミュニケーションにどのような貢献を果しうるか、という視点を強調した。

　第3章「アートプロジェクトにおける事例研究——「コピーバンド・プレゼントバンド」「歌と記憶のファクトリー」を通じて——」では、筆者が実践者として企画運営に関わった二つの事例について報告した。この二つの事例は、ともに小学校における音楽ワークショップであるが、対象者児童に限らず家族や教員や地域住民も交えた、コミュニティデザインとしての要素が強いアートプロジェクトであり、かつ、これまでの音楽ワークショップでは着目されることのなかった「聴取」という音楽実践に光をあてた。その「聴取」から生まれる「想起」を軸にしたコミュニケーション構造を記しつつ、前章までの先行議論をもとに理論的な考察を行った。これら事例考察における成果は、「能動

的聴取」という視点からその実施コミュニティに新たな関係性の構築を促してゆく可能性を示したこと。加えて、音楽を「使いこなす」という視点を具体的に得ることで、本書の主題である「音楽×想起がもたらすコミュニティデザイン」に新たな価値づけを行ったことだ。一方で、本書ではこういった音楽実践が、より日常生活に近い現場からなされることを企図してきたため、アートプロジェクトという枠内でのみ行われる音楽実践の考察に留まっては研究目的を達成できないという課題も指摘した。

　第4章「日常的実践における事例研究——歌声スナック「銀杏」における同窓会ならびに校歌斉唱の現場を通じて——」では、前章のモデル実践の課題を引き継ぎ、アートプロジェクトといった「芸術」であることが自明の環境から離れ、より日常的な音楽と想起の実践が展開される現場の考察を行った。その際、着目したのは世間で度々開かれている同窓会およびそこでの校歌斉唱の現場だ。ただし、あまたあるそのような現場から、より音楽がもたらす想起の可能性に着目した実践が展開される現場を考察対象として選定した。具体的には、その開催会場である歌声スナック「銀杏」経営者（いわゆるママ）である入江公子の実践、すなわち、唱歌や懐メロのコレクターである入江自らが制作する校歌のオリジナルカラオケ映像の制作とその上映、である。ここでは、現場の詳細な参与観察やインタビューを通じて、同窓会において校歌が参加者にどのような「想起」と「語り」を誘発し、またその過程において入江による実践が差し挟まれることで、どのようなコミュニケーションの変容がもたらされるかを記述した。判明したことは、同窓生たち想起者が校歌を通じてただ過去を懐かしむだけではなく、むしろ現在の時点からの対話と想起を通じて過去の様々な側面

を再発見し、他の同窓生たちとの間で紡いできた関係性をさらにアップデートしてゆくといったコミュニケーションが生成されていた点である。そして、この特徴的な想起の仕方において、校歌は、過去とつながりながらも現在を読み替えていくための触媒として大きな機能を果し、さらに聞き手である入江が同窓生の想起の「メディエーター」となることで、より複雑でダイナミックな想起のコミュニケーションをもたらしていたことも確認できた。

　第5章「総合考察──「想起」という経験、「音楽」という経験に立ち返って──」では、改めて本書のテーマである、「音楽×想起がもたらすコミュニティデザイン」の可能性を、前述してきた知見を発展させる形で、より様々な社会背景を持つ現場において応用できるよう、さらなる演繹化に努めた。そのための手順として、まず「想起」という経験の質を今一度精緻に分析することを通じて、第2章で述べた「想起の仕方」のバリエーションの発明について、高木や松島の論考をもとに具体的に整理した。そのうえで第3章と第4章の事例をコミュニケーション（あるいはディスコミュニケーション）という社会的な経験プロセスを重視した分析のもとで再考察し、想起の聞き手による「表現」を介した想起者の「想起経験X」を提示し、その意味を問うてきた。一方で、「音楽」という経験の質についても整理し、とりわけフリスの音楽とアイデンティティを巡る論考をもとに、音楽的体験が社会的な経験プロセスと美的な経験プロセスを互いに実現しあう関係であることを確認した。

第2節 展望

　第5章において示された「音楽的体験が社会的な経験プロセスと美的な経験プロセスを互いに実現しあう関係」である点をもう少し深めるならば、その実現のプロセス自体がまさに動的かつ時間軸を伴い、パフォーマティブな音楽としての自己変遷であるという考察を施した今、「想起の仕方」の発明がそのまま「音楽（とりわけ聴取）の仕方」の発明へとつながるという結論を導き出すことができるだろう。つまり「想起経験X」の発明は、同じ楽曲における「二重の経験」を想起者にもたらし、そのことが新しい「聴取の仕方」を生み出している。あるいはこうも言えるだろう。「想起経験X」においては、自己および他者との関係性の変遷という社会的経験が反映された新しい美的経験としての「楽曲（歌）」を再生産している、と。

　ここまで来て改めて重要になるのは、これまで繰り返し述べて来た「音楽」と「想起」が各々に持つ可能性を掛け合わせることで生まれるコミュニティデザインが、どのような社会背景のもとで必要とされるのかを提示することだ。昨今、少子高齢化による地域コミュニティの衰退や、かつてから行われてきた地域固有の祭礼の存亡が取り沙汰されるなか、そもそも定期的に「記憶を語り合う」という場の存在自体がかつてよりも大幅に減少傾向にあると考えられる。しかしそれでも、同窓会などに代表される想起の場が一定存続していることを考えれば、人は誰しも一人で想起したいわけではなく、誰かと共に語り合い、コ

ミュニケーションすることを通じてこそ想起したいと考えていると言えるのではなかろうか。かつその場には、コミュニティのメンバーのみならず、筆者や入江に代表されるような第三者が「メディエーター」として参加することで、想起の当事者のみではなし得なかったより多様で豊かな対話と想起イメージの獲得に辿り着いていることを踏まえれば、様々な社会背景において、「コミュニティの外部」とも連携し合う新たな「想起の場」のデザイン・発明が、いま求められているのだ。

そこで筆者が本書執筆と並行して、2016年12月〜2018年2月（執筆時現在）まで継続実施中の福島県いわき市でのアートプロジェクト「ラジオ下神白―あのときあのまちの音楽からいまここへ―」[1]を参照にしながら、今後の展望を記したい。

②-1 震災復興の現場から考える

舞台は福島県いわき市にある県営下神白団地。ここは、福島第一原発に近い四つの町――富岡、大熊、浪江、双葉――の住民約200世帯が暮らしている復興公営住宅だ（写真16）。ここの集会場で行われるコミュニティ活動に、いわき市内のNPO法人Wunderground（以下、「ワングラ」と略記）が関わり、様々なアート活動をきっかけにした住民交流を生み出そうと奮闘している。ワングラのコーディネーターから2016年11月に依頼を受け、この1年3ヶ月程、ワングラスタッフや地元で地域活動に勤しむ有志たちと下神白団地に通っている。やっていることは、住民同士が音楽を通じてまちの記憶を語り合うラジオ番組づくりだ。「ラジオ下神白―あのときあのまちの音楽からいまここへ―」

と題された番組では、まず住民から出演者を集い、学生時代から就職、結婚、上京して故郷を離れたりまた戻って来たりといった様々なエピソードを、その当時の流行歌を聞きながら語っていただく。第一弾は浪江町ご出身のお三方が出演。結婚の馴れ初めは渚ゆう子の『京都の恋』(1970)を聞きながら、子どもを連れて遊びに出掛けた常磐ハワイアンセンター(現在はスパリゾートハワイアンズ)での思い出は——当時センターにコンサートに来ていた——平山みきの『真夏の出来事』(1971)

写真16(右):下神白団地外観(道路を挟んで右側)。

写真17(下):CD「ラジオ下神白」の第1集と第2集。手作りの封筒の中にはディスクとジャケットとリクエストカードが同封されている

第6章 「想起の音楽」現在地からの展望　181

を聞きながらなど。当初1時間くらいの収録を想定していたが、実際には3時間も話が途切れることなく盛り上がった。それらを編集して合間に様々なコーナーを設けて一枚のラジオCD[2]『ラジオ下神白第一集 ―常磐ハワイアンセンターの思い出―』を制作・発行した（写真17）。

　最初は、どんな反応をもらえるのか皆目検討がつかなかった。「まったく興味を持たれなかったらどうしよう……」「誰も聞いてくれないんじゃないか……」と正直、不安ではあった。しかし、まずは浪江町の出演者にデモ盤を試聴してもらった際に、「自分たちが何気なく話した内容が、こんなカタチにまとまるなんて！」、「これはみんな喜んでくれると思う」と心から感動してくれたのだ。少しずつ手応えを感じながら、次にジャケットや封筒づくりを行った。地元のデザイナーの手を借りつつも、そこで完成させるのではなく、手作業を施す余地をたくさん作った。住民に呼びかけ集会場に集まり、みんなで山折り、谷折り、はさみを使い、ロゴスタンプを押したりしながら完成させた（写真18）。そして、全戸個別訪問での配布を通じて、普段、集会場に来られない人たちにもアクセスできるような機会づくりを試みた（写真19）。CDにはリクエストカードも封入。元大工の住民の協力を得て、集会場に専用ポストも設けた。最初にこのラジオCDの第一集を配布し始めた2017年6月以降、「番組聴いたよ！面白かった」という感想を直接いただいたり、現在までに15枚のリクエストカードも投函された（写真20）。

　そもそもなぜこのようなプロジェクトを実施しているのか。前述したように下神白団地では、富岡町、大熊町、浪江町、双葉町から避難してきた約200世帯が、地域ごと、各棟に分かれて暮らされている。集会場で火木の午前に開かれている「カフェ下神白」や、水曜の午前

写真18：集会場にて、封筒やジャケットなどを制作する住民の様子。BGMに「ラジオ下神白」を流しながら、会話をする

のカラオケタイム、その他、クラフトづくりや麻雀などで集いつながる住民がいる一方で、集まる住民間でも、被災状況、住まい、賠償の違いなどを抱えているために、もともとの出身町で固まってしまったり、新たに集会場に集まる層が生まれにくいなどの課題があるのだ。ラジオCDはメディア（触媒）であり、何かしらの事情や思いで直接的に集会場に足を運べない住民にとっても、他の住民とのつながりを実感したり、また音楽が好きな方にとっては端的に楽しみにもなり、また筆者らプロジェクトチームが継続的に個別訪問することで普段滅多に人に会わない（会えない）状況から少しでも抜け出し、会話やコミュニケーションをささやかながら持つことができれば。そんな思いを持

第6章　「想起の音楽」現在地からの展望　　183

ちながら、配布における個別訪問で新たな関心層の発見、そしてリクエストカードの投函者への手紙の執筆や定期的な訪問を通じたつながりの持続、という形でプロジェクトを続けてきたのだ。

　そのリクエスト者のひとりである2号棟・富岡町出身のKさんの記憶の楽曲は、藤山一郎の『青い山脈』(1949)だった。彼女は、この曲を聴くと20代半ばから40代前半まで住んでいた東京の暮らしを思い出すと言う。行きつけの喫茶店で流れていたこの曲と当時の仕事の記憶。若い頃から英語を喋りたかったKさん。しかし英語は、戦争中と終戦直後は敵国の言葉だった。憧れがあったけど、学校では習えず悔しい思いをした。戦後に駐留軍が東京に来ることを聞きつけ郷里を飛び出した。練馬で駐留軍を相手にした売店の店員やベビーシッターの仕事にありついた。「お掃除でもなんでもいいんです、とにかく外人と会って（英語を）しゃべってるのを聞きたい！」と、彼女は当時の記憶を、この曲を聴きながら語ってくれた。そして、その『青い山脈』は、震災直後に別の意味を持つ記憶の楽曲にもなってゆく。一時期、三春町の仮設住宅に住んでいたKさんは、そこに慰問演奏に来た東京の男

写真19（左）：CD「ラジオ下神白」の戸別配布の風景。玄関先で音楽の話が弾むこともある
写真20（右）：リクエストカードに思い出の楽曲とエピソードを書き込み、黄色い専用ポストに投函してくださっている住民の様子

声合唱団がこの曲を素晴らしく歌い上げてくれたことを語り、ご自宅でその合唱団のCDアルバムを開き、彼らが歌う合唱とピアノ伴奏バージョンの『青い山脈』も聴かせてくれた。若かりし東京時代、そして震災後の三春町での仮設住宅時代、それらの記憶をこれら二つのバージョンの『青い山脈』がつなげ、再び、この下神白団地での生活にまで連綿とつなげてゆく。そんな経験を「ラジオ下神白」をきっかけにされたわけだ。

　そして、別のリクエスト者である4号棟・浪江町出身のTさんは、女学生時代に仲良しだった二人の友人の記憶のエピソードを、現在までリクエストカード4枚──淡谷のり子『別れのブルース』(1937)、霧島昇『旅の夜風』(1938)、塩まさる『母子船頭歌』(1938)、三浦洸一『踊子』(1957)──にしたためてくれた。最初に訪問させていただいた際は「ラジカセとか持ってないから聴けない」とラジオCDの受け取りを拒否されたのだが、「よければジャケットだけでも読んでほしい」と、半ば強引にお渡ししてしまったのだ。そのあとしばらくしてポストを覗くと、Tさんからのリクエストカードが入っていたので、「まさか!」と驚いたものだ。早速、ワングラが手配してくれたCDラジカセを片手にリクエスト曲を焼いたCD‐Rを持参し、再び訪ねたのだった(写真21)。その後は毎月、下神白団地に訪れる際には必ずTさんの家を訪ね、日に日に交流が深まっている。そんな交流のなかで様々なエピソードが生まれつつあるなか、とりわけ興味深かったのは、前述した2号棟・富岡町出身のKさんがリクエストされた『青い山脈』も収録されたリクエストCD‐Rを聞いていた際に、Tさんが自身の記憶を語り始めたときだ。Tさん曰く、女学生友人との大切な記憶にとって、この『青い山脈』も重要な曲だったのだ。ご自身ではリクエスト曲と

して思いつかなかったが、たまたまKさんという別の棟の住民のリクエストが、ご自身の想起に響いてしまった。それから毎夜のようにこの曲も聴いていると言う。

　さらに面白いことが起こった。ラジオCD第一集の出演者である4号棟・浪江町出身のSさんが、筆者からこのエピソードの報告を受けた際に個別に連絡をとり、2017年11月に発行したラジオCD第二集のジャケット手作業の際に、集会場にTさんを連れてきてくださったのだ。足が悪いこともあって、普段、集会場に現れることがほとんどないTさんの姿をみて、別の住民たちも声をかけるなど様々な交流が見られ、そこでなんとある浪江町出身の住民から「Tさんはおそらく私の遠縁にあたる人だ」という話があがり、筆者としてもこの風景に感動したものだ。

　ここでは、ある個人の想起に基づいてリクエストされた楽曲が、ラ

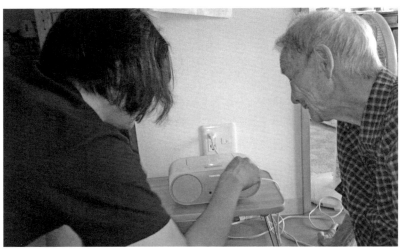

写真21：Tさんのご自宅でCDラジカセの使い方を伝え再生する様子。女学生時代の友人とのエピソードをたくさん話してくださる

ジオCDを介して別の個人に伝わり、同じ楽曲に対する「新たな聴取」という美的経験を生み出し、さらには、その美的経験によって見知らぬ住民同士がつながりあう社会的経験にまで至っていると、筆者は実感しているのだ。

②-2 閉じても確かに続いてゆく 「コミュニティ観」の構築に向けて

　このような活動をじわじわと発展させる一方で、時勢的に大きな変化も起きている。2017年3月31日に浪江町、川俣町、飯舘村、同年4月1日に富岡町の避難指示が一部の地域を除いて解除されのだ。下神白団地住民においても、富岡町や浪江町を中心にまちに戻る人や、別の復興公営住宅に移る人、また別の土地に家を新たに建てる人、震災前に住んでいた家を地道に修繕しながら団地と二拠点生活を送る人など、状況はより複雑化している。1〜2号棟（富岡町出身者）と4〜5号棟（浪江町出身者）の集合ポストの表札が僅かながらしかし確実に減少していくなか、リクエストをくださった富岡出身の方を訪ねれば「来月、ここを出ることにしたの」との声、集会場に遊びに行けばこれまたリクエストをくださった浪江町出身の方から「実は3月にここを出て南相馬に家を建てることになって。だからもし次のラジオCDが出るなら欲しくって」といった声を聞くにつれ、コミュニティがこちらの予想を超えた速度で変化している状況を実感している。

　ちなみに、この南相馬に行かれる方のリクエスト曲は新沼謙治の『ふるさとは今もかわらず』（2012）。リクエストカードのエピソード欄に

はこう書かれていた。

> 震災と東京電力福島第一原発事故に伴う避難指示が一部地域を除いて解除された私達（浪江町）
> まだまだ震災前とは変わっていない6年4ヶ月（この曲を選びました）
> （リクエストカードより抜粋。（　）の表記もママ）

　このエピソードは、下神白団地を後にしながらもすんなりと故郷の浪江町に戻るでもなく、別の土地に家を建てて転居するという決断をされた住民の言葉、そして選曲として、非常に複雑な思いや現実を端的に語っているように思えてならない。故郷への「思い」は変わらない。しかし、「状況」は一変し、その「一変」した状況以降はなかなか変わることができない。

　故郷へ戻る人、下神白団地に残る人。それぞれの決断をしながら、これからも団地の住人の数は少しずつ減ってゆくだろう。県営の復興住宅として2015年1月に建設が終了し、当初は「終の住処」として想定されていた下神白団地。複数の自治体から避難してきた人々が同じ団地で暮らすという課題や、住民の大半が高齢者であるという課題などを踏まえ、集会所に県の「コミュニティ交流員」[3]が配置され、コミュニティの活性化が図られてきた下神白団地。

　筆者はこのプロジェクトに関わるなかで、「コミュニティ」とはそもそもなんなのか、という根本的な問いにぶつからざるをえない。交流すること。つながること。もちろんそれは孤立や無縁社会が叫ばれる昨今において、震災復興という背景に限らない普遍的な価値としてとても大切なことだと思う。と同時に、「いずれ閉じゆくかもしれないこ

とを前提としたコミュニティ」という存在について、筆者のような第三者、「コミュニティの外部」がどのように関わるべきなのかということもやはり考えなければならない。アーティストやコミュニティデザイナーが、その手法や目的は多様であれど、様々な形で「地域課題」に関わることが増えてきている昨今、この問いは今後避けて通れないだろう。「閉じる」という言葉の響きはとてもネガティブだ。「よそ者が何を言うか」とそのコミュニティのメンバーからは怒られるかもしれない。しかし、やや理念的に聞こえるかもしれないが、「（物理的に）閉じても、その縁は確かに続いてゆくこと」を目指したとき、筆者は、下神白団地に実際に住んでいる住民という意味での狭義のコミュニティの活性化という目的とは違うところで、この「ラジオ下神白」だからこそやれることが細やかながらあると感じている。

②-3 「揺らぎの当事者」として「私」と「私」が出会うこと

「ラジオ下神白」だからこそできること。それは、ここに残っても、どこに移り住んでも、どんな選択をしても、集会所で珈琲と漬物を食べながら語り合った時間、住民同士でバスに乗って催しに参加した時間、時折訪れる親類との和やかな時間などを、――培ってきた物理的な時間や縁の積み重ねは「故郷」には到底勝らないかもしれない「一時的なコミュニティ」であったにせよ――「これもまたかけがえのない大切な時間」として「記憶」の仲間入りをさせることだ。そのために必要なのは、「つながり」を「美的経験」として刻印する行為だ。ここで、ラジオCD第一集に収められた4号棟・浪江町出身のSさんの語

りを引用したい。

やっぱり耳から入るもので心がちょっと癒されて「嬉しい」って笑顔で声も発生する。(今回の震災や原発事故で)「歌う」っていうその能力も失ったわけだね。そのなかで、「歌ってみようかな」って、台所にいて口に出たり。やっぱり音楽かなって。みんな思い出の曲ばっかりだしね、70も生きてたら。(中略)誰のせいだってことを言うこと自体が私胸が痛くなるの。だからそうじゃなくて、もういいとこだけ仕舞い込んで、そして今度は自分で心を健康にしていかないといけないって考えたんだな。どの人もみんな大好きになれば。やっぱり一人ひとりが自分で、自分の考えでしっかりと進んでいく、その手立てをしていった方がいいかなって考えたんだ。(中略)数字で並べられたってそういうもんじゃない気持ちって、言葉に出せない、それってのはそれぞれ自分自身で癒していったりとか、保っていかなきゃいけないんだけれど、それには十分時間がかかるってことだけ思ったときに、あっ、もうあんまり急がない。肩の力を抜いていった方がいいよね。そうすると皆とも同じレベルで話ができる。(「ラジオ下神白─あのときあのまちの音楽からいまここへ Vol.1 特集：常磐ハワイアンセンターの思い出」の14曲目「振り返り〜これからのこと」より)

　ここでSさんが語る「手立て」と呼応していると思われる発言を、20代のプロジェクトスタッフから受け取った。筆者とのプライベートなメールのやりとりのため本人の許可を得て一部を引用する。

最近、移動中によくラジオ下神白を聞いていて、思ったこと、つらつらと書かせてくださいすみません。1弾、2弾、リクエストすべてにおいて

私の馴染みのある曲はなかったのですが（笑）みなさんのエピソードと思い出の曲を聴いているといろいろな感情が溢れてきて。私いま、毎日が全然楽しくなくて、何のために生きてるんだろうってすごく懐疑的な日々を送ってたんです。でも、何回もラジオ聞いてて改めて感じたことがあって。例えばロート製薬のCMなんか、私は「ロート♪ロート、ロート♪ロート製〜薬〜♪」の時代で、SMAP×SMAPの前に流れていたなぁ、とか、この頃受験勉強やってたなぁってことを思い出しました。頑張ってたなぁとか。いま、自分自身の未来については全然希望も持てなくてすごく不安定なんですが、過去の思い出は絶対で、「確かにあの時を過ごした」っていう確信のようなものが、いまの自分を支える自信につながっているような気がするんです。（中略）皆さんのライフヒストリーを聞きながら、人の人生にタイムスリップするのもすごく楽しいです。（中略）下神白だけでなく、若者にもちゃんと届いてます！むしろ、今が不安定だからこそ、「記憶」というものが響いたかもしれません。（2017年11月末のFacebookメールでの筆者とのやりとりより引用。傍点は引用者による）

　このスタッフの発言からは、もはや自分にとって「馴染みのある曲はなかった」にも関わらず、繰り返し「何回もラジオを聞」くことで、なぜか「いろいろな感情が溢れて」くるという不思議な美的経験が伝わってくる。第5章で述べた「反復」的な聴取や対話のなかで相手（ラジオ出演者の住民）の「身構え」のようなものを受け取ること。そこからさらに翻って聞き手である自分自身（スタッフ）が想起の海（「この頃受験勉強やってたなぁ」「頑張ってたなぁ」）へと漕ぎ出すこと。これら一連のコミュニケーションから導き出せる答えは、「誰もが固有の記憶を乗せた"私の楽曲"を持っている」という感性を携えた状態で聞く聴取体

第6章　「想起の音楽」現在地からの展望　191

験においては、「私の楽曲」というその絶対的な「固有性」ゆえに逆説的に「関係性」として響きあう想起体験を生み出すということだ。

　さらに私たちは、スタッフの発言の末尾にあるように「自分が揺らいでしまうかもしれない」という不安定な状態のときには一層、この「記憶」というテーマの前で「当事者性」を獲得するのである。「同じ境遇」ではなく、「同じ世代」でもなく、無論、語り合う楽曲も「同じ楽曲」ではない。ここでは同質性や凝集性が強調される狭義の「コミュニティ意識」は芽生えにくい。しかし、だからこそ、この本書で語ってきた「音楽×想起によるコミュニティデザイン」では、一旦、普段の「コミュニティ意識」を少し横にスライドさせ、お互いが「個」として、「私」として歩んできた人生に共感しあえる可能性があるのだ。前述した浪江町出身のSさんの言葉を借りるならば「皆とも同じレベルで話ができる」の意味は、筆者には「"個"として"私"として語り合う」という意味として響いている。「コミュニティ」として一括りにしない。冷静に考えればごくごく当たり前に一人ひとりの「記憶＝人生」があることに改めて自覚し直すこと。そしてお互いの「揺らぎ」を正すのではなく「尊重」し合いながらその変遷を「味わい」、心から「楽しむ」こと。様々な社会背景のもとで、「想起の音楽」を響かせ合う風景が広がることを願いながら、本書を締めくくろう。

注：
1 プロジェクトの概要についてはアサダ（2017）や佐藤ら（2018）なども参照。ちなみに、プロジェクトの実施主体は以下の通り。主催：いわき市、東京都、アーツカウンシル東京（公益財団法人東京都歴史文化財団）、特定非営利活動法人Wunderground 協力：県営下神白団地自治会、みんぷくネット（特定非営利活動法人3.11被災者を支援するいわき連絡協議会）

2 プロジェクト立ち上げ当初は、いわゆる電波でのラジオ放送を実現したかったが、電波状況が極めて悪いエリアであり断念した。またネットラジオという案も考えたが、高齢者が大半の住民にとってそれは不向きであると判断した。何人かの住民に聴取環境についてヒアリングしたところ、「CDなら多くの人が家庭のデッキや車中で聴くことができる」という答えをうかがい、CD化に踏み切った。結果的にこの制約から生まれたCD化は、「現物」を制作するために、戸別訪問や住民に参加してもらっての手作業などに役立つこととなった。

3 みんぷくネット（特定非営利活動法人3.11被災者を支援するいわき連絡協議会）のスタッフがその役割を担っており、非常に地道で丁寧なコミュニティづくりに取り組んでいる。

参考文献：
・ アサダワタル, 2017,「『表現』──『他者』と出会い、『私』と出会うための『創造的な道具』」,『現代思想』（45（15））, 青土社
・ 佐藤李青, 川村庸子, 嘉原妙（編）, 2018,『東北の風景をきく FIELD RECORDING Vol.01』アーツカウンシル東京（公益財団法人東京都歴史文化財団）

謝辞

　本書は、筆者が2013年4月に入学した滋賀県立大学大学院環境科学研究科において、2016年10月に提出した博士論文『音楽による想起がもたらすコミュニケーションデザインについての研究』をもとに、2017年以降の動向を踏まえ、一部改稿・加筆を施したものである。「音楽について自分がやってきたこと・考えてきたことについて、ちゃんと書きたい」。その思いを募らせながら30代となり、いよいよ行動に出ようとした際に、大学院での研究という道へと導かれ、そしてそれから5年経った現在、ようやくこうして出版にまで至ることができた。当然ながら、このプロセスには多くの方々の支えがあり、ここですべての方々の名前をあげることはできないが、それでも、この場を借りてお礼を申し上げたい。

　まず、大学院進学を勧めてくれた元職場の上司であり、立命館大学の山口洋典先生には最初の一歩へと導いてくれたことに感謝する。その後、進学に際しての具体的な助言をくださったのは、NPO法人まちの縁側育くみ隊の延藤安弘先生、大阪大学の森栗茂一先生、同じく大阪大学の輪島裕介先生だった。氏たちは、筆者のまとまりきらない問題意識を丁寧に聞いてくださり、研究に関する様々なアプローチを広く提案してくださった。今年に入って延藤先生の訃報を聞いたときは、その突然の死に大きなショックを受けたが、氏からお教えいただいた「コミュニティ観」に大いに影響を受けた本書を捧げつつ、心よりご冥福をお祈りしたい。

論文の着想段階にあたっては、大阪市立大学の増田聡先生にもお付き合いいただいた。研究を始めたばかりの頃、いきなり氏の研究室に訪ね、様々な議論にお付き合いいただいたことは、大変ありがたい機会となった。そして、本書の元となっている査読付き論文の内容や、学会誌等への投稿に関して、大阪大学の本間直樹先生、東京藝術大学の熊倉純子先生、京都精華大学の安田昌弘先生にも多くの助言をいただいた。

　また、研究にとって欠かせないのは、「現場」に生き、「現場」を支えてらっしゃる方々であり、とりわけ四国のアートコーディネーター濱田竜也氏と「コピーバンド・プレゼンバンド」関係各位、北海道の一般社団法人AISプランニングの方々と「歌と記憶のファクトリー」関係各位、福岡のスナック「銀杏」の入江公子氏や「三四会」の方々、福島のNPO法人Wundergroundの方々と「ラジオ下神白」関係各位へお礼を申し上げたい。

　そして、長らく続いた本書執筆に際して、指導教官である滋賀県立大学の細馬宏通先生、近藤隆二郎先生、増田佳昭先生に深く感謝する。とりわけ細馬先生とは、この数年、障害のある方々と取り組む様々なアート活動の実践・研究双方でご一緒する機会も多く、様々な面から支えていただき、氏の存在がなければ博士論文の完成に至ることはなかった。そして、現在の職場上司である大阪市立大学の中川眞先生には、論文の指導をはじめ、本書出版に至る具体的な機会へと繋げてくださった。水曜社の仙道弘生氏には、出版に至る改稿・加筆について具体的なアドバイスをいただき、実践者と研究者の二足のわらじを履く筆者ならではの文体や内容について、深く考慮いただき、編集してくださった。

極私的なことではあるが、2013年4月から始まった博士論文執筆から本書の出版に至るまでに、二人の娘に恵まれた。この間、自由奔放な仕事と生活を繰り広げる筆者と辛抱強く対話を続け、筆者のすべての活動をいつも支えてくれてきた妻と娘たちにこの場を借りてお礼を申し上げたい。

　さて本書の最後に、筆者の根っこにある問題意識に決着をつけておきたい。「はじめに」で述べた通り、それは表現活動と社会活動の狭間で音楽がどのような役割を果せるかという問題意識だ。実践と研究を往還するなかで、大枠の答えは見えてきた。大切なのは、表現活動やその芸術文化ならではの美的経験と他の様式では生成しえなかったオルタナティブなコミュニケーション形式──社会的経験──の接点にこそ、創造性が宿るという点を見落とさないこと。このことを改めて肝に銘じ精進したい。ひいてはこの視点が、音楽社会学をはじめとした文化社会学的研究における実践面への具体的な支えとなり、より多くの文化実践者たちがこれらの研究で蓄積された理論を抱きながらもさらに発展させ、芸術文化、社会環境双方に対する創造的発展に寄与すると筆者は信じている。

2018年5月
GW帰省中の大阪の実家にて、娘たちが寝静まった夜に

索引

アーカイバルアート ································ 71
アーカイブ ································ 65-66
アートプロジェクト
················ 17, 19-20, 54, 76-77, 107-108, 112, 180
『会いたくて あいたくて』 ················ 105
アイデンティティ 29, 31, 33, 36, 46, 53, 161-166
＿＿＿における音楽（MII:music in identities）
································ 32-33
『愛をとりもどせ!!』 ································ 82
『青い山脈』 ································ 184-186
『仰げば尊し』 ································ 123, 134
朝倉龍太郎 ································ 112
当て推量 ································ 153, 155
後追い ································ 153, 155
「あの歌この歌 東京ドライブコース」 ················ 96
アライダ・アスマン ·········· 63-66, 68-69, 71, 145
新たな聴取 ································ 165-166, 168, 187
アルジュン・アパデュライ ················ 58
異曲 ································ 18
一般社団法人ＡＩＳプランニング
（ＡＩＳプランニング） ················ 87
井手口彰典 ································ 28, 30
『糸』 ································ 103
異本 ································ 18
入江公子
········112, 115-124, 126-132, 134-138, 157, 168-169, 180
違和感 ································ 136, 158-159, 168
歌声スナック ································ 12, 116, 138, 177
「歌と記憶のファクトリー」 ················ 76, 87-88,
94-95, 97, 103, 105-107, 144, 156, 160, 165-168
NPO法人Wunderground（ワングラ）··· 180, 185
『M』 ················ 82, 95, 101, 165, 167
「エンコーディング／ディコーディング」モデル
································ 24, 28, 30
円堂都司昭 ································ 28
太田好信 ································ 103-104, 106
おとどけアート実行委員会 ················ 87
『踊子』 ································ 185
『母子船頭唄』 ································ 185
オリジナリティ ································ 19, 54
オリジナルカラオケ映像 ·········· 112, 115,
117-118, 121, 124, 128, 130, 132, 134, 137, 157
折原明彦 ································ 113
音楽
＿＿＿アイデンティティ（IIM:identities in music）
································ 32, 144, 161
＿＿＿＝コミュニティ ································ 54
＿＿＿療法 ················ 50-55, 61, 132
＿＿＿ワークショップ ······ 17, 19-20, 77, 87, 102
実践する＿＿＿ ································ 27-28
なじみの＿＿＿ ················ 51-53, 55, 61, 132
カール・ダールハウス ················ 23
仮設的手がかり ································ 155
「カマン！ＴＶ」 ································ 14, 18
感情の自己調節 ································ 33-34

記憶
＿＿＿アート ································ 71
＿＿＿芸術 Gedachtnis-Kunst ········ 66, 70-71
＿＿＿再生の共同体 ································ 114
＿＿＿の構成主義 ································ 62-63
機能的＿＿＿ ················ 64-65, 69
コミュニケーション的＿＿＿ ········ 63-64, 66
自伝的＿＿＿ ········44-47, 49-53, 95, 97, 106, 156-157
集合的＿＿＿······16, 18, 62-64, 96-98, 114, 167-168
潜在的＿＿＿ ································ 67
蓄積的＿＿＿ ················ 64-65, 69
文化的＿＿＿ ································ 63-66
『北九州大学校歌』 ·········· 123-124, 134, 168
『北九州大学逍遥歌』（逍遥歌）~ 123, 125-126, 134, 168
『CAN YOU CELEBRATE？』 ········ 103, 105
旧事象 ································ 152, 154
『京都の恋』 ································ 181
銀杏 ················ 112, 115-116, 119,
122, 124, 128, 131, 136-138, 144, 157, 160, 167-168
熊倉純子 ································ 17, 20
クリスチャン・ボルタンスキー ········ 66, 68-69
クリストファー・スモール ········ 23-24, 28
『クリスマス・イヴ』 ································ 105
クロード・ランズマン ······· 70, 146-147, 150-151, 155
ゲイリー・アンスデル ································ 54
小泉恭子 ················ 57-60, 71, 94, 96
校歌 ································ 49,
112-118, 121, 123-124, 128-129, 132-138, 167-168
校歌斉唱 ·········· 112, 114, 134, 136, 144
交渉的読み ················ 25-26, 95, 105
高知県四万十市立西土佐小学校（西土佐小学校）
················ 77-78, 83-84, 87
コピーバンド・プレゼントバンド（「CBPB」）
················ 76-77, 79, 81, 87-88,
90, 94-95, 97-100, 103, 105-107, 156, 160, 165-168
コミュニティ ················ 20, 35, 188-189, 192
＿＿＿"としての"音楽 ································ 54
＿＿＿アート ································ 54
＿＿＿音楽療法 ················ 53-54
＿＿＿ソング ·········· 112, 133, 167
＿＿＿デザイン ·········· 20, 107, 179, 192
＿＿＿の外部 ················ 180, 189
コモン・ミュージック ················ 94-97
痕跡 ································ 26
再演 ················ 157-159, 165
財団法人文化・芸術による福武地域振興財団 ········ 87
サイモン・フリス ·········· 26, 33, 161-165
坂倉杏介 ································ 54
坂下正幸 ································ 51
作品 ················ 22-23, 25
佐々木正人 ································ 162
作曲の時代 ················ 26-27
三四会 ·········· 115, 122, 124, 134
ジェームス・ギブソン ································ 162
自己のテクノロジー ················ 33-35, 161
下神白団地 ········ 180-182, 185, 187-189
社会構成主義的自己論 ········ 31, 162-163
社会的経験 ·········· 165, 169, 179

社会的包摂 ……17
ジャコメッティ ……67-68
ジャック・アタリ ……26-27
ジャン・ジャック・ナティエ ……25
ジュディス・A.ルービン ……52
使用 ……30-36
『ショア』 ……70, 146, 148, 150, 151
常磐ハワイアンセンター ……181-182, 190
ジョン・A・スロボダ ……30, 32, 35
ジョン・ケージ ……25
新事象 ……152
身体の構え ……147-149
垂直の歴史 ……68
水平の歴史 ……69
スヴェトラーナ・ボイム ……60, 137
スーザン・A・オニール ……30
スチュアート・ホール ……24, 26, 95
戦術 ……104-105
想起
　　　経験A ……155-158
　　　経験X ……158-160, 165
　　　経験B ……155-158
　　　対象の多層性 ……131
　　　と忘却のダイナミズム ……64-67, 69
　　　の芸術 ……71
　　　の仕方 ……47-48, 66,
　　　70-71, 76, 114, 137, 144, 147, 151, 155, 159-160
　　　の場 ……180
　　　の歴史 ……69-70
共同　　　者 ……114
二次的な　　　者 ……131
創造性 ……19, 54
『そばかす』 ……82, 95, 101, 165-166
対抗的読み ……25-26, 105
高木光太郎 ……146-155, 158-159
竹内貞一 ……52
『旅の夜風』 ……185
団塊世代 ……55-60
「聴取」から「遊び」へ ……28
使いこなす（し） ……103-108, 144
テアドール・アドルノ ……25
ティア・デノーラ ……32-35, 161
デイヴィッド・J・ハーグリーヴス ……26, 31-32, 161
ディスコミュニケーション ……152-155, 158, 178
『東京ナイト・クラブ』 ……16, 18-19
同窓会現場 ……112, 114-115, 122, 132-138, 157, 168
外山滋比古 ……18
トヨタ自動車株式会社社会貢献推進部 ……86
「トヨタ・子どもとアーティストの出会い」事業 ……77
ドロシー・ミエル ……31
中村美亜 ……23, 98-101
懐かしさ（ノスタルジア）
……48-50, 53, 57, 59-61, 125, 127, 134
ニコラス・クック ……22-23, 26
西村ひとみ ……52
二重の経験 ……166, 179
ネットワーク・ミュージッキング ……28
能動的聴取者 ……25

能動的な聴取 ……26, 95-98, 101, 105, 165
ノスタルジア ……48-49, 56, 59-61, 137
ノスタルジア市場 ……55, 57, 59-61
はれんちしまんとプロジェクト ……78
反復 ……148-150, 154-155, 158
美的経験 ……163, 166, 168-169, 179
黄順姫 ……114, 134, 167-168
フィリップ・ボール ……55
不在 ……153-154
　　　の穴 ……154
　　　のリアリティ ……151, 154-155, 158
　　　物のリアリティ ……148-149,
ブリュンウルフ・スティーゲ ……54
『故郷』 ……120-121, 123
『ふるさとは今もかわらず』 ……187
フレッド・デービス ……56
別の聴取 ……26, 30
北海道札幌市立資生館小学校（資生館小学校）……87-88
ブリコラージュ ……104
ポピュラー音楽 ……18, 54, 102-103, 166-167
マイケル・ブル ……33-34
増田聡 ……24-26, 30, 95
松島恵介 ……146-149, 151, 154-155, 158-159
『真夏の出来事』 ……181
身構えの回復 ……146-151, 153-156, 158
身構えの反復 ……150-151
ミシェル・ド・セルトー ……104, 106
港千尋 ……67-71, 146
宮入恭平 ……57, 59-60
宮島幸子 ……113
ミュージッキング ……23-24, 28, 30
メディエーター ……136-137, 155, 158-159
メモリースケープ ……58
毛利嘉孝 ……27, 102
モーリス・アルヴァックス ……62-63
『モニカ』 ……95, 165
モリス・ホルブルック ……48-49, 56, 60
安川晴基 ……62, 145
ヤン・アスマン ……63
優先的読み ……26, 105
『有楽町で逢いましょう』 ……15, 18
「横道にそらす」力 ……61
ヨハネス・ホーファー ……56
ラジオCD ……182-183, 185-187, 189
「ラジオ下神白―あのときあのまちの音楽からいまこ
こへ―」（ラジオ下神白）……180-185, 189-190
『Runner』 ……82, 95, 165-166
〈Living Together ラウンジ〉 ……99-100, 105
リディア・ゲーア ……22
流用（アプロプリエーション）……104-105
量質転化の力 ……57
レヴィ＝ストロース ……104
レミニセンス・バンプ ……52-53
ロバート・シンドラー ……48-49, 56, 60
ロラン・バルト ……27
『別れのブルース』 ……185

著者紹介

アサダワタル
1979年生まれ、大阪出身東京在住。滋賀県立大学大学院環境科学研究科博士後期課程満期退学、博士（学術）。大阪市立大学都市研究プラザ特別研究員、アーティスト、文筆家。音楽や言葉を手立てに、人々の生活・コミュニティときわめて近接した共創的表現活動の実践と研究に取り組む。これまで神戸女学院大学、立命館大学、京都精華大学等で「芸術と社会」に関連する科目（アートマネジメント、文化経済論、ソーシャルデザイン等）を担当。著書に『住み開き―家から始めるコミュニティ』（筑摩書房）『コミュニティ難民のススメ―仕事と表現のハザマにあること』（木楽舎）等多数。

想起の音楽
表現・記憶・コミュニティ

発行日	2018年6月26日 初版第一刷
著　者	アサダワタル
発行者	仙道 弘生
発行所	株式会社 水曜社
	〒160-0022
	東京都新宿区新宿 1-14-12
TEL	03-3351-8768　FAX03-5362-7279
URL	suiyosha.hondana.jp/
装幀	中村 道高（tetome）
印刷	創栄図書印刷株式会社

© ASADA Wataru 2018, Printed in Japan
ISBN 978-4-88065-447-8　C0036

本書の無断複製（コピー）は、著作権法上の例外を除き、著作権侵害となります。
定価はカバーに表示してあります。落丁・乱丁本はお取り替えいたします。

地域社会の明日を描く──

ワインスケープ
味覚を超える価値の創造
鳥海基樹 著
3,800 円

和菓子　伝統と創造
何に価値の真正性を見出すのか
森崎美穂子 著
2,500 円

まちを楽しくする仕事
まちづくりに奔走する自治体職員の挑戦
竹山和弘 著
2,000 円

文化芸術基本法の成立と文化政策
真の文化芸術立国に向けて
河村建夫・伊藤信太郎 編著
2,700 円

アーツカウンシル
アームズ・レングスの現実を超えて
太下義之 著
2,500 円

「間にある都市」の思想
拡散する生活域のデザイン
トマス・ジーバーツ 著　蓑原敬 監訳
3,200 円

クラシックコンサートをつくる。つづける。
地域主催者はかく語りき
平井満・渡辺和 著
2,500 円

コミュニティ 3.0
地域バージョンアップの論理
中庭光彦 著
2,500 円

無形学へ　かたちになる前の思考
まちづくりを俯瞰する 5 つの視座
後藤春彦 編著
3,000 円

学びあいの場が育てる地域創生
産官学民の協働実践
遠野みらい創りカレッジ 編著
樋口邦史・保井美樹 著
2,500 円

包摂都市のレジリエンス
理念モデルと実践モデルの構築
大阪市立大学都市研究プラザ 編
3,000 円

都市と堤防
水辺の暮らしを守るまちづくり
難波匡甫 著
2,500 円

防災福祉のまちづくり
公助・自助・互助・共助
川村匡由 著
2,500 円

全国の書店でお買い求めください。価格はすべて税別です。